【復刻版】

日清戦況写真

【撮影】
陸地測量部
【解説】
長南政義＋森重和雄＋川﨑華菜

国書刊行会

目次

凡例

* 本書は靖國神社偕行文庫室所蔵の「日清戦況写真」（陸地測量部撮影、玄鹿館製）を復刻したものである。原本は上・下巻からなるが、本書では1冊にまとめ、かつ掲載順の整理をほどこした。
* 本書掲載の写真中、破損がみられる140、141ページに関しては、防衛省防衛研究所戦史研究センター所蔵の同書（「日清戦況写真」下〈戦役・写真77〉）から差しかえを行った。
* 本書は、原本（縦300㎜×横373㎜）を75％縮小したサイズとなっている。
* 原本にはページ数が記されていないため、読者の便宜を考えページ数を付した。
* 原本のキャプションには、現代においては適切ではない表現等が見られる場合があるが、当時の社会状況を示すものとしてそのままとした。また誤記についても訂正することはしなかった。

歩兵第三聯隊第一大隊（二個中隊缺ク）青山停車場ニ於ル鐵道輸送ノ光景

明治二十七年九月二十六日陸地測量部撮影

野戰砲兵第一聯隊ノ一部青山停車場ニ於ル鐵道輸送ノ光景

明治二十七年九月二十六日陸地測量部撮影

第一師團大架橋縦列ノ一部青山停車場ニ於ル鐵道輸送ノ光景

明治二十七年九月廿五日陸地測量部撮影

廣島城内大本營ノ景

明治二十七年十月一日從軍寫眞班撮影

廣島城内大本營正門ノ景

明治二十七年十一月一日從軍寫眞班撮影

朝鮮國大同江口ニ於ル艦船碇泊ノ光景

圖中左端ノ運送船ハ三河丸次ハ敦賀丸次ハ攝陽丸次ニ陸ニ近クシテ朦朧タルー船ハ元山丸次ハ神戸丸次ノ大ナルハ和歌ノ浦丸次ハ陸ニ近ク一本ノ帆檣ヲ顯シタルハ品川丸次ハ軍艦近江丸次ハ水雷艇ナリ

明治二十七年十月二十七日(小倉丸船中ヨリ)從軍寫眞班撮影

第二軍ノ揚陸地タル花園口幕營ノ光景其一

明治二十七年十月二十九日從軍寫眞班撮影

第二軍ノ揚陸地タル花園口幕營ノ光景其二

圖中右方ノ旗ノアル所ハ第二軍兵站監本部左方ノ旗ハ第二軍兵站軍醫部兩旗ノ間天幕ノ背後ニ在ル家屋ハ第二軍司令部ナリ

明治廿七年十月二十九日從軍寫眞班撮影

第二軍ノ揚陸地タル花園口幕營地一部ノ光景

明治二十七年十月二十九日従軍寫眞班撮影

第二軍司令部將校同相當官及高等文官

明治二十七年十月廿九日従軍寫眞班撮影

第二軍ノ揚陸地タル花園口海岸ニ於ル臨時架設ノ棧橋

明治二十七年十月三十日(滿潮ノ時)從軍寫眞班撮影

第二軍ノ揚陸地タル花園口沖ニ碇泊ノ船艦遠望ノ景

明治二十七年十月三十日(干潮ノ時)従軍寫眞班撮影

第二軍ノ揚陸地タル花園口海岸ニ於ル軍需品陸揚ケノ光景
明治二十七年十月三十日（満潮ノ時）従軍寫眞班撮影

第二軍ノ第二揚陸地タル貔子窩港満潮ノ景
明治二十七年十一月三日従軍寫眞班撮影

第二軍ノ第二揚陸地タル貔子窩港干潮ノ景
明治二十七年十一月三日従軍寫眞班撮影

野戰砲兵第一聯隊第一第二第三第四第五第六
中隊第一砲兵陣地ニ於ル金州城砲擊ノ光景

明治二十七年十一月六日午前八時四十分(金州城北方高地ノ砲兵陣地左側前ニ於テ)從軍寫眞班撮影

野戰砲兵第一聯隊第一第二第三第四第五第六中隊
第一砲兵陣地ニ於ル金州城砲撃ノ光景

明治二十七年十一月六日午前八時五十七分(金州城北方高地ノ砲兵陣地左側前ニ於テ)従軍寫眞班撮影

第一砲兵陣地ニ於ル野戰砲兵第一聯隊ノ金州城ニ向テ
發射スル榴散彈ノ破裂及ヒ之ニ對スル敵ノ應砲

明治二十七年十一月六日午前八時五十分（金州城北方高地ノ砲兵陣地左側前ニ於テ）從軍寫眞班撮影

歩兵第二第三聯隊及野戰砲兵第一聯隊ノ一部金州城北方ヨリ總進擊ノ光景

明治二十七年十一月六日午前九時四十分（金州城北東ノ高地ニ於テ）從軍寫眞班撮影

歩兵第二聯隊ノ一部金州城壁ニ薄ル光景

圖ノ中央ニ在ル樓屋ハ金州城東門、是ヨリ左右ニ黒ク徽々トシテ直立スルハ敵旗、諸處ノ堆土上白點々タルハ墓地ナリ

明治二十七年十一月六日午前九時五十五分（金州城東門ノ東北墓地ニ於テ）從軍寫眞班撮影

金州市街ノ大半

圖中ノ道路ハ南北ニ通スルモノニシテ之ヲ北大街ト稱シ此道路ノ突キ當リニ見ユル
朦朧タル一屋ハ市街ノ中央ニ在ル關帝廟又道路ノ左右ニ並列セル家屋ハ皆商估ナリ
明治二十七年十一月六日午前十時五十分（金州北城門樓閣階上ニ於テ）從軍寫眞班撮影

金州城北門ノ樓閣

圖ノ中央ニ散亂スルモノハ敵ノ軍服及ヒ武器ナリ
明治二十七年十一月六日午前十時二十分（城壁上ニ於テ）從軍寫眞班撮影

金州城略取後高家窰南方ノ畑中ニ
戰沒セル敵兵

明治二十七年十一月六日午後三時從軍寫眞班撮

金州城略取後第一師團長ノ傍ニ於テ捕
虜尋問ノ狀況

明治二十七年十一月六日午後二時（金州南門外ニ於テ）從軍寫眞班撮影

略取後ニ於ル和尚島西砲臺ノ全景

圖中砲臺ノ入口上ニ書スル文字中央ハ和尚島西臺、右方ハ海彊鎖鑰左方ハ遼有屏藩トアリ

明治二十七年十一月七日(和尚島西砲臺北東ノ山頂ニ於テ)從軍寫眞班撮影

大連灣柳樹屯棧橋ノ景

明治二十七年十一月十一日從軍寫眞班撮影

旅順ノ北方土城子附近ニ於テ衛生隊
ノ我戰死者ヲ運搬收容スル狀況
明治二十七年十一月十九日從軍寫眞班撮影

略取後ニ於ル和尚島中砲臺內部ノ景
圖中右方ノ備砲ハ克式廿一珊米三十五口徑左方ノ二門
ハ克式十五珊米廿五口徑ナリ
明治二十七年十一月七日從軍寫眞班撮影

金州城內副都統衙門前ニ於テ第二軍司
令部ヨリ清國貧民ニ施粥スル狀況
圖中旭旗ヲ揭クル處ハ第二軍司令部ニシテ即チ元ノ副都統衙門ナリ
明治二十七年十一月十日從軍寫眞班撮影

略取後ニ於ル和尚島中砲臺內部ノ景
圖中砲臺ノ上層ハ彈藥庫中層ハ兵舍及倉庫下層ハ
兵舍及炊爨所ナリ
明治二十七年十一月七日從軍寫眞班撮影

金州ノ南方蘇家屯警急集合場ヨリ歩兵第一聯隊及第十五聯隊ノ一部前進ノ光景

先登ノ乘馬將校ハ歩兵第一聯隊長、遠山ハ金州灣北部ノ山脈ナリ

明治二十七年十一月十七日午前八時五分從軍寫眞班撮影

旅順ノ西北石嘴子南方ニ警戒セル歩兵第二聯隊ニ向ヒ來襲ノ
敵ニ對シ野戰砲兵第一聯隊ヨリ砲撃ノ光景

右方圖上ノ砲煙ハ野砲其左方山腹ノ砲煙ハ山砲ノ攻撃ニシテ其左側下ニ見ユルハ歩兵ノ開進同山後方ノ遠山ハ老鐵山ナリ
明治二十七年十一月二十日午前四時二十分從軍寫眞班撮影

旅順ノ北方米河子附近ニ於テ第一師團本隊開進攻撃準備ノ光景(其一)
圖中ノ村落ハ米河子ニシテ其背後ニ集團セルハ大行李ナリ
明治二十七年十一月二十日從軍寫眞班撮影

旅順ノ北方米河子附近ニ於テ第一師團本隊開進攻擊準備ノ光景(其二)

圖ノ右方ナル集團ハ野戰砲兵第一聯隊、工兵第一大隊第一中隊、衛生隊半部、中央ノ集團ハ步兵第一聯隊(第一大隊缺ク)步兵第十五聯隊第三大隊、其左方ハ步兵第一聯隊第一大隊ニシテ上方ノ村落ハ金家屯ナリ

明治二十七年十一月二十日從軍寫眞班撮影

旅順ノ北西石嘴子南方ニ於テ野戰砲兵第一聯隊椅子山ニ向テ砲擊ノ光景
明治二十七年十一月二十一日午前七時三十分從軍寫眞班撮影

旅順ノ西北部方家屯附近ニ於ル歩兵第一聯隊戰鬥ノ光景

明治二十七年十一月二十一日午前八時三十分從軍寫眞班撮影

旅順ノ西北部方家屯附近ニ於テ山砲中隊敵ノ陣地ニ屯集セル
モノヲ砲撃スルノ光景
明治二十七年十一月二十一日午前十時十五分従軍寫眞班撮影

旅順ノ西部方家屯附近ニ於テ歩兵第一聯隊ノ撃退セシ敵ノ再ヒ某陣地ニ散開及ヒ集屯セル光景

右方ヨリ第四第五ニ位スル旗ニ記スル文字ハ李ニシテ緋絨ニ金繍セシモノナリ

明治二十七年十一月二十一日午前九時五十五分従軍寫眞班撮影

旅順ノ北方双臺溝ノ南部ニ於テ第一師
團ノ諸隊出發前集合ノ光景
明治二十七年十一月十九日午前九時二十分從軍寫眞班撮影

旅順口椅子山第二砲臺内部ノ光景
圖中ノ備砲ハ克式十二珊米二十五口徑
明治二十七年十一月二十一日從軍寫眞班撮影

旅順口椅子山第三砲臺内部ノ光景
圖中左端ノ備砲ハ克式八珊米山野交通砲、次ノ小ナルハ「ガットリング」速射砲次ハ克式八珊米
山野交通砲他ハ彈藥車ハ「アンペラ」ヲ以テ掩蔽シアルハ廠營、右方ノ隆起部ハ椅子山第二砲臺ノ
外面各處ニ散亂セルハ兵器或ハ敵ノ死屍ナリ
明治二十七年十一月二十一日從軍寫眞班撮影

旅順口松樹山砲臺ノ火藥庫爆發延燒ノ光景

左方山上ノ黑煙ハ延燒ノ狀況ナリ其右方ノ山頂ニアルハ砲臺モ亦松樹山砲臺中ノ一トス其レヨリ右方ニ連亘セル同山隊二個ノ高所ハ二龍山砲臺、同山脈ノ中央ナル鞍部ノ人影ハ軍隊、旗竿ノアル所ハ毅前軍左營其上方ノ高山ハ二龍山砲臺、諸所ノ白點ハ敵ノ幕營ナリ

明治二十七年十一月二十一日從軍寫眞班撮影

旅順口椅子山第一砲臺ヨリ二龍山及ヒ松樹山ノ方向遠望ノ光景其一

圖ノ中央ニ圍壁ヲ繞ラシタル一團ノ家屋ハ毅前軍左營、其上部ニ黒ク集團セルハ軍隊、尚ホ其上部ニ方形ヲナシタル數棟ノ家屋ハ武庫、右端山麓ニ圍壁ノアル一團ノ家屋ハ水師藥庫、其下部ノ人家ハ孔家屯、山麓ニ横ハル白線ハ三里橋河此河ヲ中斷スル處ハ旅順市街ニ至ル道路上ニ架スル橋梁、橋梁ノ下部ヨリ左方ニ亘ル一帶ノ廣地ハ毅軍操場ナリ

明治二十七年十一月二十一日(椅子山第一砲臺ヨリ)從軍寫眞班撮影

旅順口椅子山第一砲臺ヨリ二龍山及ヒ松樹山ノ方向遠望ノ光景其二

圖ノ左方ニ菱形ヲナシタル圍壁ハ毅前軍前營、其右上部山上ノ白煙ハ松樹山砲臺、右方ノ稍大ナル一團ノ家屋ハ騎砲營、其左方ノ人家ハ張家庄、諸所ノ白點ハ敵ノ幕營、高ク天空ニ聳ユル山頂ノ小平坦部ハ二龍山望臺、山麓ニ横ハル白線ハ三里橋河ナリ

明治二十七年十一月二十一日(椅子山第一砲臺ヨリ)從軍寫眞班撮影

旅順口椅子山第一砲臺望臺外部ノ景

明治二十七年十一月二十一日從軍寫眞班撮影

旅順口模珠礁砲臺ノ景

明治二十七年十一月二十三日從軍寫眞班撮影

旅順口椅子山第一砲臺望臺内一部ノ光景

右方ノ備砲ハ克式十二珊米廿五口徑、左方ノ小ナルハ六十八斤臼砲、

天幕ニ黒キ斑點アルハ彈痕ナり

明治二十七年十一月二十一日從軍寫眞班撮影

旅順口椅子山第一砲臺望臺占領後第一師團長

以下一部ノ將校集合ノ状況

明治二十七年十一月二十一日從軍寫眞班撮影

旅順口黄金山砲臺ノ光景其一

圖中右方ノ備砲ハ二十珊米左方ハ廿四珊米共ニ克式二十五口徑、中央ノ小ナル二門ハ四斤銅砲
ニシテ遠キ山脈ヲ老鐵山近キヲ饅頭山ト稱スルナリ

明治二十七年十一月二十三日従軍寫眞班撮影

旅順口黄金山砲臺ノ光景其二

備砲ハ二門共克式二十四珊米二十五口徑ナリ

明治二十七年十一月二十三日從軍寫眞班撮影

旅順口黄金山砲臺ノ光景其三

備砲ハ二門トモ四斤銅砲ニシテ船ハ帝國軍艦ナリ

明治二十七年十一月二十三日従軍寫眞班撮影

旅順市街占領後ノ全景其一

圖中方形ノ大水部ハ船澳ニシテ小水部ハ大船塢ナリ此大船塢ノアル岸ヲ北泊岸ト稱シ之ニ反スルヲ南泊岸ト云ヒ此南泊岸ニ接シタル三棟ノ家屋ハ庫房ナリ而シテ大船塢ノ右方煙突ニ接シタル家屋ハ汲水器廠、機械廠及電燈房、其上部ニ團壁ヲ有スル一個ノ家屋ハ行臺衙門ト電信局又其上部ニ密接セル數多ノ家屋過半ハ商估ニシテ兵營モ數ケ所アリ又大船塢左方ノ數棟ハ皆庫房其上部ハ海軍公所、關帝廟、三官廟、北洋醫院、等トス又船澳ノ右端ノ岸上ニ製造中ノ船ハ大船塢用ノ扉船ニシテ其直上ニ小船塢アリ此上部右方等ニアル數棟ノ家屋ハ工廠及船械局ニシテ山腹ノ各處ニ徹々タル黒點ノ集リタルハ軍隊、雲際ニ聳ヘテ山項ノ一部平坦ナルハ二龍山望臺ニシテ是ヨリ左方ニ連ナリテ松樹山砲臺アリ

明治二十七年十一月二十三日從軍寫眞班撮影

旅順市街占領後ノ全景其二

圖中右方ノ水部ハ船澳ニシテ其上部ヲ北泊岸下部ヲ南泊岸ト稱ス南泊岸ニ在ル家屋ハ皆庫房ニシテ北泊岸ニ接シタル數棟ハ指泊官住房及雷艇公所ナリ而シテ其上部ニ家屋ノ連接セルハ商估ニシテ西新街中新街東新街等アリ又白壁ノ四棟ヲリナル方形ノ家屋ハ船隖局ニシテ其右端直下ノ稍大ナル一棟ハ演劇場、圖ノ左方棧橋ノ右方ニ家屋ノ稠密セル所ヲ新開地ト稱シ其右斜メ上部ノ山ヲ白玉山ト云フ又棧橋ノ稍右上部ニシテ山項ノ一部平坦ナル處ハ椅子山望臺(第一砲臺)ナリ

明治二十七年十一月二十三日從軍寫眞班撮影

旅順口船渠構内ニ於ル陸海軍將校戰勝祝宴ノ光景(甲)

圖中起重架ノ左方ノ遠山ハ老鐵山、其下方ノ海面ニ進航中ノ船ハ水雷艇、小ナル人影ハ軍樂隊其右邊ニ散亂スルモノハ破壞セル鎭遠號ノ諸器械、船渠ノ岸邊ニ並列セルハ高梁酒粟酒等ノ貯壺、其右方机ノアル處ハ接待委員ノ席、其左端ノ屋上ニ見ユルハ老虎尾砲臺、左方ノ電燈架ノ前ハ將官ノ席、其上部右側ノ山ノ平頂ハ威遠砲臺、其右方ノ隆起部ハ鷄冠山、其麓下ハ親兵後營、左方隆起部ハ饅頭山ノ電燈臺、其下方ハ人字墻堡、其右方上部白壁ノ中央ニ旗竿ノアル處ハ燈臺、其上部ノ山ノ平頂ハ饅頭山砲臺、其右方ハ蠻子營砲臺ナリ

明治二十七年十一月二十三日從軍寫眞班撮影

旅順口船渠構内ニ於ル陸海軍將校戰勝祝宴ノ光景(乙)

圖中家屋ハ汲水器廠及電燈房ナリ

明治二十七年十一月二十三日從軍寫眞班撮影

旅順口慶字正營ノ全景

明治二十七年十一月二十四日從軍寫眞班撮影

旅順口老蠣嘴砲臺ノ全景

圖中大ナル四門ノ備砲ハ二十四珊米三十五口徑、左右翼ニ在ル小ナル二門ハ十二珊米廿五口徑ニシテ皆克式ナリ

明治二十七年十一月二十四日從軍寫眞班撮影

旅順口模珠礁砲臺內部ノ光景

左右翼ノ備砲ハ十五珊米中央ノ二門ハ廿一珊米皆克式三十五口徑ナリ

明治二十七年十一月二十三日從軍寫眞班撮影

旅順口老蠣嘴砲臺ト行營砲臺トノ中
間ニ新築中ナル兵營ノ光景

明治二十七年十一月二十四日從軍寫眞班撮影

旅順口老蠣嘴副砲臺入口ノ光景

明治二十七年十一月二十四日從軍寫眞班撮影

旅順口老蠣嘴砲臺一部ノ光景

備砲ハ克式二十四珊米三十五口徑ナリ

明治二十七年十一月二十四日従軍寫眞班撮影

旅順口蠻子營砲臺ノ光景

四門ノ備砲ハ克式十五珊米二十五口徑、中央ノ平坦ナル山頂ハ黄金砲臺ナリ

明治二十七年十一月二十八日従軍寫眞班撮影

旅順口蠻子營砲臺ヨリ旅順海峡遠望ノ光景

右端ノ平坦ナル山頂ハ黄金山砲臺、其左方ハ田鷄砲臺、其麓陰ヨリ左方ニ顯ハレタルハ水雷營及人字墻堡其上方ノ水部ハ船澳、其上部ヨリ左方ニ亘ル一帶ノ家屋ハ旅順市街中央ノ山腹方形ノ白壁内ニ直竿ノアル處ハ燈臺、圖ノ左方運送船ノ下部ニ旗竿ノ直立シアル處威遠砲臺、是ヨリ右方ニ突出セル岬端ノ高處ハ老虎尾砲臺、其左上部ノ高山ハ白玉山ナリ

明治二十七年十一月二十八日従軍寫眞班撮影

旅順口饅頭山砲臺ノ全景

圖ノ中央ニ圍壁ヲ繞ラシタル一圍ノ家屋ハ親兵左營、其入口ニ印スル文字ハ整暇、此兵營內數十本ノ
直竿ハ皆旌旗用、上部ノ備砲兩翼ノ二門ハ十二珊米廿五口徑中ノ三門ハ廿四珊米三十五口徑皆克式
砲臺入口ニハ饅頭山ノ三字ヲ顔セリ

明治二十七年十一月二十八日從軍寫眞班撮影

旅順口蠻子營砲臺ノ全景
備砲ハ克式十五珊米二十五口徑四門ニシテ直竿ノ左側ナルハ望遠鏡右方ノ圍壁ヲ有スル屋舎ハ慶字副營ナリ
明治二十七年十一月二十八日從軍寫眞班撮影

旅順口、城頭、饅頭蠻子ノ諸砲臺及親兵左營等ノ光景(其一)

圖中方形ノ胸墻ヲ繞ラシタルハ城頭山砲臺ニシテ右側ノ大胸墻ニ備フル砲三門ハ克式八珊米廿五口徑上
部ニ二本ノ旗竿ヲ有スル處ハ電燈坐ナリ

明治二十七年十一月二十八日從軍寫眞班撮影

旅順口、城頭、饅頭、蠻子ノ諸砲臺及親兵左營等ノ光景(其二)

圖ノ中央ニ旗竿ノアル處ハ饅頭山砲臺、其左側陰ヨリ顯ハレタルハ電燈坐、其左方ノ隆起部ハ蠻子營砲臺、其上部ニ山頂ノ黒クシテ朦朧タルハ黄金山砲臺、矩形ノ圍郭ヲ有セルハ親兵左營、其上方ニ白壁ノ見ユルハ慶字副營ナリ

明治二十七年十一月二十八日從軍寫眞班撮影

旅順口威遠砲臺ノ西方ヨリ旅順港内遠望ノ光景

圖中右端ニ上部ノ旗竿アル處ハ黄金山砲臺、其下方ニ坂路ヲ有スル岡ハ威遠砲臺、其左麓下ニ數十ノ旗竿ヲ有スル處ハ親兵後營、其直上海峽ノ前方ニ見ユル墻ハ人字堡、其左上方ニ見ユル水部ハ船澳、圖ノ左方ニ獨立シアル山ハ白玉山、其右下方軍艦ノ下ニ見ユルハ老虎尾砲臺、對岸ニ人家ノ稠密セルハ旅順市街ナリ

明治二十七年十一月二十八日從軍寫眞班撮影

旅順口行營砲臺内一部ノ光景

右方ノ備砲一門ハ九珊米半他ノ二門ハ七珊米半ニシテ皆鋼製野砲ナリ

明治二十七年十一月二十四日從軍寫眞班撮影

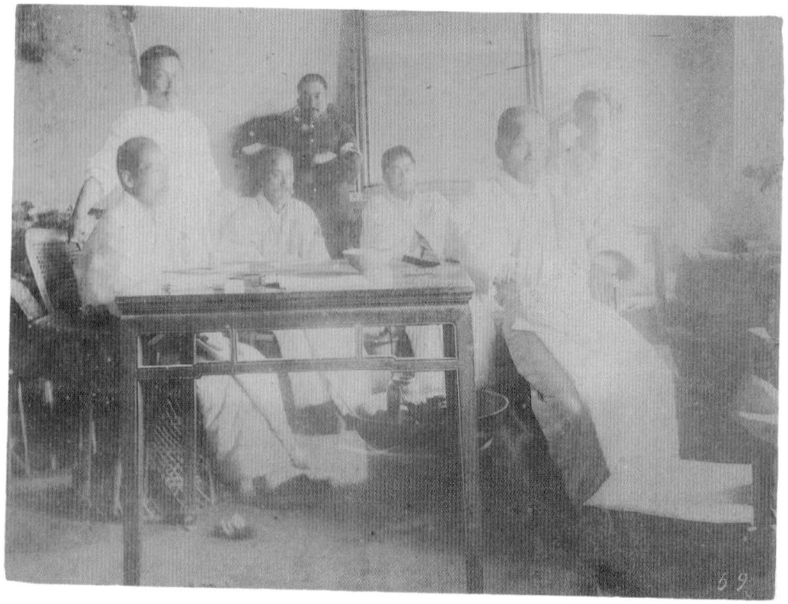

旅順口毅字軍前營ニ開設セル第二野戰病院入院ノ將校負傷者及同院附醫官ノ一部

明治二十七年十一月二十六日從軍寫眞班撮影

旅順口黄金山砲臺ヨリ老虎尾砲臺及人字墻堡遠望ノ光景

圖中旗竿ノ立ツ處ハ人字墻堡ニシテ克式十二珊米廿五口徑砲二門ヲ備フ其下部ニ連接セル家屋ハ水雷營、圖ノ左方ヨリ海中ニ突出セル處ヲ老虎尾ト稱シ矩形閉壁ヲ繞ラシメタルハ老虎尾砲臺ニシテ其左方ノ集團家屋ハ水雷營ナリ

明治二十七年十一月三十日従軍寫眞班撮影

旅順口黄金山砲臺ヨリ旅順海峽遠望ノ光景(其一)

左方ノ岩石ヨリナル山上ハ威遠砲臺ニシテ其右麓ノ圍郭アル屋舍ハ親兵後營ナリ

明治二十七年十一月三十日從軍寫眞班撮影

旅順口黄金山砲臺ヨリ旅順海峡遠望ノ光景(其二)

右端ノ山腹ニ圍郭ノアルハ燈臺ニシテ中央ノ最高峰ハ鶏冠山其左側鞍部ノ下ニ慶字副營アリ其下方海岸ニ近キ平地ハ操場遠キ山脈ハ老鐵山ナリ

明治二十七年十一月三十日従軍寫眞班撮影

軍旗授與紀念會當日金州城南門外ニ於ル步兵第二聯隊分列式ノ圖

明治二十七年十二月九日從軍寫眞班撮影

歩兵第二聯隊軍旗授與紀念會當日金州城内場式ニ列セル將校同相當官及
從軍外國人ノ一部

明治二十七年十二月九日從軍寫眞班撮影

軍旗授與紀念會當日金州ノ東方除家山ニ於ル歩兵第三聯隊分列式ノ圖

明治二十七年十二月十九日從軍寫眞班撮影

金州城東門外墓地ニ於ル第二軍戰死者招魂祭式場ノ圖

明治二十七年十一月二十一日從軍寫眞班撮影

金州城東門外墓地ニ於ル第二軍戰死者招魂祭歩兵第三聯隊參拜ノ圖(其一)

天幕ノアル處ハ祭場ニシテ左方ノ部隊ハ歩兵第二聯隊ナリ

明治二十七年十二月二十一日從軍寫眞班撮影

金州城東門外墓地ニ於ル第二軍戰死者招魂祭步兵第三聯隊參拜ノ圖(其二)

圖中ノ隊ハ步兵第三聯隊ナリ

明治二十七年十二月二十一日從軍寫眞班撮影

金州城東門外墓地ニ於ル第二軍戰死者招魂祭騎兵第一大隊參拜ノ圖

明治二十七年十二月二十一日従軍寫眞班撮影

金州城東門外墓地ニ於ル第二軍戰死者招魂祭場式ニ列セル陸海軍將校
同相當官高等文官及從軍外國人ノ一部

明治二十七年十二月二十一日從軍寫眞班撮影

金州城南方蘇家屯ノ海岸ニ於テ野戰砲兵第一聯隊行幸
紀念當日ニ於ル遙拜式ノ圖
明治二十七年十二月二十三日従軍寫眞班撮影

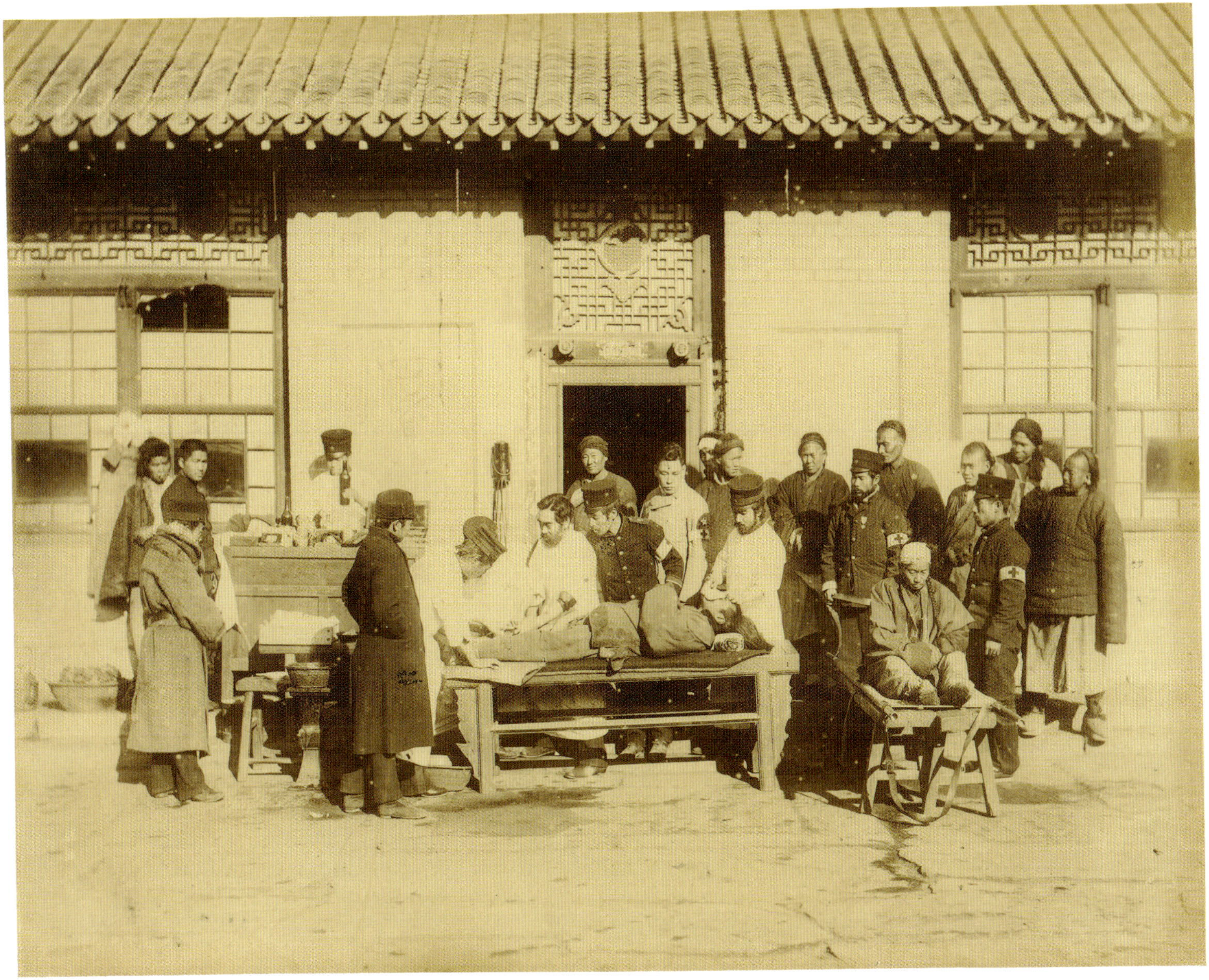

金州兵站病院ニ於テ敵兵ノ負傷者治療ノ狀況
明治二十八年一月六日從軍寫眞班撮影

金州灣ノ氷結及兵燹後ニ於ル家屋ノ狀況

明治二十八年一月從軍寫眞班撮影

金州城東門外墓地ニ於テ從軍僧侶戰死者法會ノ狀况

明治二十八年一月九日從軍寫眞班撮影

金州城第二軍糧餉部内飼畜場ノ狀况
明治二十八年一月十二日従軍寫眞班撮影

第二軍將校ノ一部

明治二十八年一月十六日金州城第二軍司令部内ニ於テ從軍寫眞班撮影

大連灣發錨榮城灣ニ向テ進航ノ軍艦及運送船

明治二十八年一月十九日従軍寫眞班撮影

榮城縣龍睡灣投錨ノ諸船艦(其一)

圖中左端ノ山ハ龍睡島ノ一部ナリ

明治二十八年一月二十日(午前十時運送船宗谷丸ニ於テ)従軍寫眞班撮影

榮城縣龍睡灣投錨ノ諸船艦(其二)

中央ノ山ハ龍睡嶋ニシテ其左麓下ニ小西庄ト稱スル小村落アリ

明治二十八年一月二十日(午前十時運送船宗谷丸ニ於テ)従軍寫眞班撮影

榮城縣龍睡灣投錨ノ諸船艦(其三)

運送船ノ立山丸ト記ルス方向ハ大西庄ト稱スル小村落ナリ

明治二十八年一月二十日(午前十時運送船宗谷丸ニ於テ)從軍寫眞班撮影

榮城縣龍睡灣第一回揚陸ノ光景(其一)

圖ノ右方電信柱ノ傍ニ在ル數個ノ人影ハ既ニ揚陸シテ榮城縣ニ至ル道路上ヲ行進シアルモノニシテ樹木ノアル處ハ墓地ナリ

明治二十八年一月二十日從軍寫眞班撮影

榮城縣龍睡灣第一回揚陸ノ光景(其二)

圖中ノ人影ハ歩兵第四聯隊ノ一部ニシテ樹木ノアル処ハ墓地ナリ

明治二十八年一月二十日従軍寫眞班撮影

榮城縣龍睡灣第一回揚陸ノ光景(其三)

揚陸ノ軍隊ハ歩兵第四聯隊ノ一部ニシテ樹木ノアル処ハ墓地、朦朧トシテ
海中ニ突出セル遠山ハ龍睡嶋ナリ

明治二十八年一月二十日従軍寫眞班撮影

榮城縣龍睡灣第一回揚陸ノ光景（其四）

揚陸ノ軍隊ハ歩兵第四及第五聯隊、騎兵第二大隊、砲兵第二聯隊ノ各一部ニシテ朦朧タル遠山ハ龍睡島ナリ

明治二十八年一月二十日従軍寫眞班撮影

榮城縣龍睡灣第一回揚陸ノ光景(其五)

揚陸ノ軍隊ハ步兵第五聯隊ノ一部、步兵第十六聯隊、工兵第二大隊、衛生隊ノ一部、後備步兵第五聯隊ノ二個中隊ニシテ樹木ノ附近ハ墓地ナリ

明治二十八年一月二十日從軍寫眞班撮影

金州城内山東會館ニ於テ敵ノ戰死者追吊法會

左端ノ僧侶ハ天台宗次ハ眞言宗次ノ兩名ハ眞宗大谷派次ハ
臨濟宗次ハ正安國會等ノ各特派員ニシテ是ヨリ右方及踞
座禮拝スルモノハ皆清國僧侶ナリ

明治二十八年一月十一日従軍寫眞班撮影

榮城縣山東角燈臺ノ全景

明治二十八年一月二十一日従軍寫眞班撮影

旅順口威遠砲臺内一部ノ光景

備砲ハ克式十五珊米三十五口徑、旗竿前方ノ山ハ黄金山ノ
砲臺ナリ

明治二十七年十一月二十八日従軍寫眞班撮影

敵艦靖遠威海衛港ニ於テ沈沒ノ狀況

撮影ノ際天氣濛晦ニシテ圖畫鮮明ナラス

明治二十八年二月九日(午前十時二十五分威海衛ノ東南金山頂、竹島、ニ於テ)従軍寫眞班撮影

榮城縣龍睡灣第二回揚陸ノ光景(其一)

國旗ノアル処ハ揚陸整頓掛詰處、突出セル岬角ハ龍口崖、其前方ノ海面ハ榮城灣、集團セル軍隊ハ
歩兵十三及二十三聯隊ニシテ其一部ハ右方上部即チ榮城方面ニ向ヒ行進中ナリ

明治二十八年一月二十三日從軍寫眞班撮影

榮城縣龍睡灣第二回揚陸ノ光景(其二)

揚陸ノ軍隊ハ歩兵第十三及第二十三聯隊ノ一部ナリ

明治二十八年一月二十三日從軍寫眞班撮影

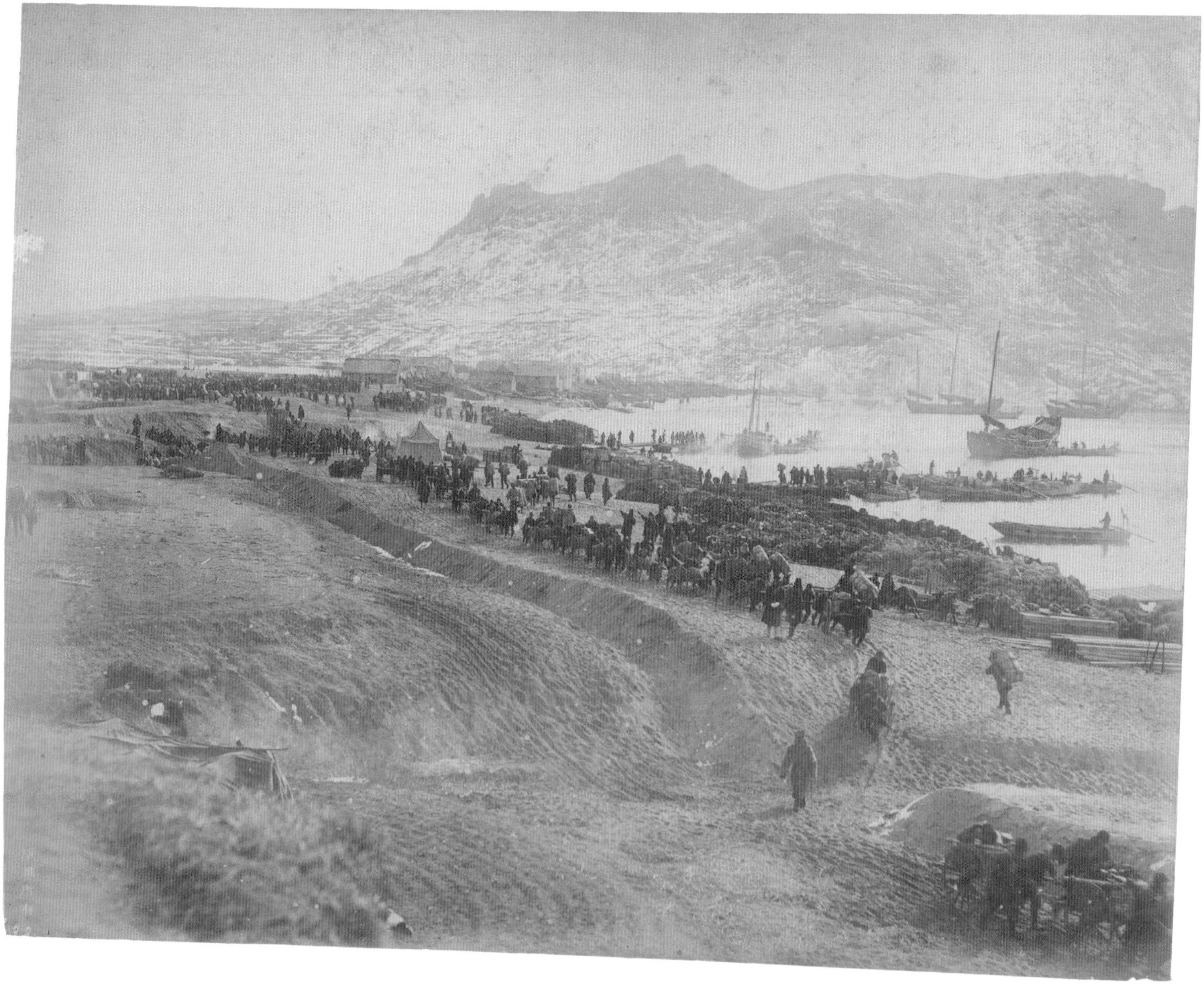

榮城縣龍睡灣ニ於ル第二師團糧食縦列揚陸ノ光景

明治二十八年一月二十三日從軍寫眞班撮影

第二軍司令部員榮城縣ニ向フ

本圖ハ龍睡嶋街道ヲ進ミ將ニ榮城縣ノ東門ニ入ラントスル𪜈撮影セルモノニシテ左方上ノ山岳ハ成山、其右麓ノ村落ハ高家庄、一帶ノ白部ハ雪後ノ氷結左方中央ノ騎馬ノ側ラニ見ユルモノハ井戸ナリ

明治二十八年一月二十五日(榮城東門ノ上ニ於テ)從軍寫眞班撮影

威海衛港ノ南邊楊家灘附近ノ敵艦ヨリ歩兵第五聯隊ノ一部ニ向ツテ發砲ノ光景

遠山ノ右方ナルモノハ劉公島、左方ナルモノハ、大口山、其右麓端ハ北山嘴、二箇ノ白煙ハ敵艦ノ砲煙、左方
ニアル二個ノ船艦モ亦敵艦ニシテ其近傍ニ散點セル小ナル人影ハ總テ敵兵ノ潰走スルモノナリ
明治廿八年一月三十日従軍寫眞班撮影

威海衛港ノ南岸鳳林集北方ノ畑地ニ於ル歩兵第五聯隊一部ノ展開

中央ノ樹林ニ見ユル村落ハ揚家疃、其上方ノ山岳ハ九馬嶺、其右麓ニシテ密集隊ノ右端上ニ位スル小凸起ハ佛丁山、其下方ハ威海衛、右方ノ山脈ハ大口山ナリ

明治廿八年一月三十日従軍寫眞班撮影

楊家屯ヨリ海岸ニ沿ヒ威海衛方向ニ潰走ノ敵ニ向テ歩兵第五聯隊ノ一部追撃ス
ルニ當リ敵ノ艦隊ハ之ヲ防止セントシ楊家灘附近ニ在テ砲撃スルノ光景其一

砲煙ハ敵艦靖遠又ハ濟遠號ヨリ發スルモノニシテ其左方ノ黑煙ヲ吐クハ定遠號、遠山ハ劉公島ナリ

明治二十八年一月三十日鳳林集北方ノ畑地ニ於テ從軍寫眞班撮影

楊家屯ヨリ海岸ニ沿ヒ威海衛方向ニ潰走ノ敵ニ向テ歩兵第五聯隊ノ一部追撃ス
ルニ當リ敵ノ艦隊ハ之ヲ防止セントシ楊家灘附近ニ在テ砲撃スルノ光景其二

左端ノ山岳ハ九馬嶺ニシテ其右麓下ヲ威海衛トス是ヨリ右方ニ流ルヽハ大口山脈、其右麓端ハ北山嘴ニシテ其下方ニ散
點セル小ナル人影ハ潰走ノ敵兵、膝姿射撃スル人影ハ我歩兵二個ノ中隊ナリ

明治廿八年一月三十日鳳林集北方ノ畑地ニ於テ從軍寫眞班撮影

我占領シタル威海衛港ノ東岸鹿角嘴砲臺ヨリ敵ノ日嶋及東南尖砲臺砲撃ノ光景

砲煙ヲ發セルハ鹿角嘴砲臺、右方上部ニ突出セル高角上ハ趙北嘴砲臺、其尖端下ノ高所ハ堡壘、其下部ノ屋舎ハ兵營ナリ

明治二十八年一月三十日従軍寫眞班撮影

我占領セル威海衛港ノ東岸鹿角嘴砲臺及陸上ナル我軍隊ニ向テ敵ノ日島劉公嶋東南尖砲臺及軍艦ヨリ砲撃ノ光景

正面ノ遠山ハ劉公島、其中央ニ位スル三隆起ノ中頂ハ信號臺右頂ハ電燈ノ位置ニシテ最右ニ見ユル白烟ハ敵ノ東南尖砲臺ニ於ル砲煙、其左方下ノ二個ノ水煙ハ我鹿角嘴砲臺ヨリ發射セル彈着、其左方ノ白煙ハ日島砲臺ノ砲煙、左方ニ發砲シアル軍艦ハ定遠號、其左方ニアルハ濟遠號ニシテ兩艦ノ中央ニアル砲煙ハ濟遠ヨリ發セルモノ、日島ヨリ右方ニ斜ニ海上ニ浮ヘル線影ハ防材、其下方海濱上ノ土工ハ我占領セル鹿角嘴砲臺、其左方ノ大屋舍ハ水雷營ナリ

明治廿八年一月三十日從軍寫眞班撮影

威海衛港ノ東南岸溝北南方ノ高地ニ第二師團ノ大部集合ノ光景

明治廿八年一月三十日従軍寫眞班撮影

威海衛ノ東南温泉湯方向ヨリ虎山ニ向ヒ第六師團ノ一部雪中ノ行進

中央ニ集團セルハ歩兵第十三聯隊ノ一部、其上方ノ村落ハ欒各庄ニシテ中央ナル兩山ノ間ニ張家口子アリ而シテ温泉湯ノ位置ハ左端ノ山ノ左ノ方ナリ

明治廿八年二月二日從軍寫眞班撮影

我艦隊一部ノ攻擊ニ對シ敵艦ヨリ應戰ノ光景

空際ト水面トノ界線ヨリ下方ニアル大小ノ船艦ハ敵艦隊ニシテ遙ニ其界線上ニ見ユル五隻ハ我艦隊ノ一部ナリ

明治廿八年二月三日午後〇時二十分威海衛東南部南竹村海岸ノ高地ニ於テ從軍寫眞班撮影

威海衛港西岸ニ於ル祭祀臺砲臺左傍高地ノ部

中央ノ破壊部ハ敵ノ去ルニ臨ミ爆發シタルモノ右端ノ堤上ヨリ下方、右隅ヨリ導ケル二條ノ線影ハ地雷ニ接續シアリタル電線、圖ノ下方道路側傍ニアル抗釘板等ハ副防禦ナリ

明治廿八年二月六日從軍寫眞班撮影

威海衛港ノ西岸祭祀臺砲臺北方ノ高地ニ於ル背面防禦ノ一部

中央ナル門口ノ左傍電信柱ノ側邊ニ横ハル道路ハ黄土崖北山嘴方向ニ達スルモノ、其上部ニアル十三個ノ方形ハ廠舎ノ入口、其左傍及山頂ノ一帶ハ皆土嚢ヲ以テ築ケル胸墻、右方階段ノ有ル處ハ祭祀臺砲臺ノ左側ナリ

明治廿八年二月六日従軍寫眞班撮影

我艦隊ノ攻撃ニ對シ黃嶋砲臺及其附近ヨリ敵艦ノ應砲

大ナル砲煙及其右方ナルハ敵ノ砲艦次ハ鎮遠號ニシテ此方向ノ朦朧タル白煙ハ黃島砲臺ヨリ發射ノ砲煙、右端ノ敵艦ハ廣丙號之ニ接シ左方ニ在ルモノハ平遠號次ノ著シク黑煙ヲ吐クハ康濟號、其右方ノ小ナルハ砲艦前山ハ劉公島ナリ

明治二十八年二月七日午前八時二十五分威海衛東方海岸ニ於テ從軍寫眞班撮影

敵艦靖遠沈没後黄島南西ノ海上ニ輻湊ノ諸艦

右方ノ巨艦ハ濟遠號、其左方上部ニアル二隻ハ砲艦、其左方ノ大ナルハ廣丙號之ニ接シタル三隻ハ砲艦、著シク黒煙ヲ吐クハ鎮遠號、其左方ニ在ルハ平遠號、遠山ハ劉公島其右麓ナル一帯ノ屋舍ハ市街、左麓ノ海濱ナルハ黄島ナリ

明治二十八年二月九日午前十一時威海衛東南方金山頂(竹島)ニ於テ従軍寫眞班撮影

威海衛港西岸北山嘴砲臺ノ西方高地ヨリ射撃セル我臼砲ニ對シ敵艦ノ應砲

左方ノ敵艦ハ鎮遠號、其右方ハ濟遠號、右端ニ黒煙ヲ吐クハ砲艦、其左方ノ稍大ナルハ平遠號、其左邊ニ
散點セル蕞爾タル四隻ハ砲艦、前山ハ劉公島ナリ

明治二十八年二月九日午后四時三十分威海衛東南方金山頂(竹島)ニ於テ從軍寫眞班撮影

威海衛東南方金山頂ニ於ル工兵第二大隊第二中隊ノ土工作業

此作業ハ十五珊米臼砲ヲ備フ為メ施行スルモノ、右端ノ建築物ハ武備學堂ノ傍ナル電信局左方ノ檣壁ヲ有

スルハ綏正營、屋舍ノ密列セルハ竹島村、前山ノ右方ナルハ佛丁山左方ナルハ九馬嶺ナリ

明治廿八年二月十二日従軍寫眞班撮影

威海衛港ノ東岸龍廟嘴砲臺ノ一部及我水雷艇第二十二號沈沒ノ状景

備砲ハ克式廿一珊米三十五口徑ニシテ前面ノ島嶼ハ鹿角嘴砲台ナリ

明治二十八年二月十二日従軍寫眞班撮影

威海衛港ノ東岸龍廟嘴砲臺ノ全景

敵ハ砲艦鎮北號ニ白旗ヲ掲ケ午前約八時我艦隊ノ根據地タル威海衛港東口ノ東南ナル
陰山口ニ來リ今ヤ歸航ノ途次ニシテ左方ノ海面ニアリ

明治廿八年二月十二日從軍寫眞班撮影

威海衛港ノ東岸竜庿嘴砲臺北方路邊敵兵ノ惨状

斃レタルモノハ銃創或ハ火傷ニヨルモリナノ

明治廿八年二月十二日從軍寫眞班撮影

威海衛港ノ東岸鹿角嘴砲臺ニ於テ敵彈ノ爲メ毀折セシ砲身右側後面ノ圖

克式廿四珊米三十五口徑ニシテ一月三十日午後約三時三十分敵艦定遠號ヨリ發射ノ彈丸命中シ砲身ノ中央ヨリ毀折シ爲メニ其重心ヲ失シテ直立セリ、鏈鎖及繩ヲ以テ下方ニ緊壓セルハ閉鎖機ヲ分解スル必要アリテ之ヲ水平ナラシメタルナリ

明治二十八年二月十三日從軍眞寫班撮影

威海衛港東岸鹿角嘴砲臺ノ東門及敵彈ノ為メ破壊セル状況

圖中數ケ所ノ破壊セルハ我軍占領後敵艦ヨリ發射セシ砲彈ノ為メナリ

明治廿八年二月十三日從軍寫眞班撮影

威海衛港東岸趙北嘴砲臺ノ光景其一

右方ナル二門ノ備砲ハ廿八珊米左右ノ一門ハ廿四珊米皆三十五口徑ニシテ克式築物ノ散亂狼藉タルハ敵ノ去ルニ臨ミ破壞セルナリ

明治二十八年二月十三日從軍寫眞班撮影

威海衛港ノ東岸趙北嘴砲臺ノ光景其二

二門ノ備砲ハ克式廿四珊米三十五口徑ニシテ築物ノ散亂狼藉タルハ敵ノ去ルニ臨ミ破壊セルナリ

明治廿八年二月十三日從軍寫眞班撮影

我艦隊威海衛港東口ノ東南陰山口沖ニ碇泊ノ光景其一

圖中右端ニ一本ノ帆檣ヲ有シ稍大ナルハ鳥海之ニ接シテ左上部ニ在ルハ赤城、其上部ニシテ右ナルハ海門、左ナルハ天龍、次ノ鮮明ナラサル一隻ハ不明、次ハ運送船、之ニ接シ左上部ニ在テ大ナルハ比叡、其小ナルハ不明、次ノ小ナルハ武藏、次ノ近クシテ稍大ナルハ愛宕、其上部ナルハ筑紫、筑紫ノ上方ナルハ大和、次ハ運送船ニシテ此船ノ右直上ニ朦朧トシテ小ナルハ嚴島、大ニシテ著シク黒煙ヲ吐クハ近江、其直下ナルハ摩耶、直上ナルハ扶桑此扶桑ノ右方ニシテ小ナルハ高尾其又右方ノ小ナルハ運送船ト不明ノ軍艦、左端ノ船ハ運送船ニシテ船體ノ半ヲ顯ハシタルハ松島ナリ

明治廿八年二月十四日從軍寫眞班撮影

我艦隊威海衛港東口ノ東南陰山沖ニ碇泊ノ光景其二

圖ノ右端ニ船體ノ半ヲ顯ハシタルハ松島、次ノ大ナル二隻ハ運送船、次ノ煙突二本ヲ有スルハ吉野、次ハ外國軍艦、次ハ秋津洲、次ハ磐城ニシテ此艦ノ右下部ト遠ク左方ニ在ル一隻ハ敵ノ水雷艇ニシテ捕獲セシモノ、左方ノ山陰ニ在ル數隻ハ我水雷艇ナリ

明治廿八年二月十四日從軍寫眞班撮影

威海衛港ノ東方楊峰嶺副砲臺一部ノ光景

三門ノ備砲ハ皆七珊米半山野交通砲、左方ニ遠ク旗竿ノアル處ハ謝家所砲臺、右方人家ノ稠密セル處ハ謝家村ナリ

明治廿八年二月十四日従軍寫眞班撮影

威海衛港ノ東方楊峯嶺砲臺ノ全景

大ナル備砲四門ノ内左方ノ二門ハ十五珊米三十五口徑、右方ノ二門ハ十二珊米二十五口徑ニシテ皆克式、左端ニ備フルハ
ナル二門ハ七珊米半山野交通砲、數多ノ伐木ヲ地上ニ固定シアルハ鹿柴ト稱スル副防禦ナリ

明治二十八年二月十四日從軍寫眞班撮影

威海衛港東岸摩天嶺堡壘ノ光景其一

備砲ハ皆克式九珊米野砲ナリ

明治二十八年二月十四日従軍寫眞班撮影

威海衛港東岸摩天嶺堡壘ノ光景其二

備砲ハ克式九珊米野砲ナリ

明治二十八年二月四日從軍寫眞班撮影

威海衛港ノ南方馮家窩ニ於ル従軍僧侶佛教演説ノ光景
聽講者ハ歩兵第廿三聯隊第六中隊ノ將校及下士兵卒ナリ
明治二十八年二月十四日従軍寫眞班撮影

威海衛港西岸北山嘴水雷營前ニ於ケル降虜上陸ノ光景

左方ノ大家屋ハ水雷營、右方ノ獨立高地ハ北山嘴電燈臺ナリ

明治廿八年二月十六日午前十一時三十分從軍寫眞班撮影

威海衛港西岸北山嘴水雷營前ニ於ル降虜上陸ノ光景

家屋ハ砲彈ノ爲メニ破壞サレシモノナリ

明治廿八年二月十六日午後〇時二十分従軍寫眞班撮影

威海衛港西岸北山嘴水雷營前ニ於ル降虜上陸ノ光景

左方ノ大家屋ハ水雷營、右方ノ高地ハ北山嘴電燈臺及砲臺ナリ

明治廿八年二月十六日午後三時三十分從軍寫眞班撮影

威海衛港西岸北山嘴砲臺後側面ノ光景其一

備砲ハ克式廿四珊米三十五口徑、前山ハ劉公島、其右端ハ黄島、其上方及ビ右方ナル捕獲敵艦中稍大ナル艦影ハ鎮遠號、黄島ノ下方ニ浮ベルハ我水雷艇ニシテ防材ヲ除去シアルモノ、其ヨリ海面ノ右方ニ綿々タル線影ハ即チ防材ナリ

明治廿八年二月十六日従軍寫眞班撮影

威海衛港西岸北山嘴砲臺後側面ノ光景其二

備砲ハ克式廿四珊米三十五口徑、前山ハ劉公島、其左端ハ艸玻嘴ナリ

明治廿八年二月十六日従軍寫眞班撮影

威海衛港劉公嶋占領後我艦隊全港内ニ投錨ノ光景其一

明治廿八年二月十八日従軍寫眞班撮影

威海衛港劉公嶋占領後我艦隊全港内ニ投錨ノ光景其二

明治廿八年二月十八日従軍寫眞班撮影

威海衛港西岸北山嘴砲臺ノ全景其一

備砲ハ四門トモ克式廿四珊米三十五口徑ニシテ右端上方ノ海面ニ突出セルハ劉公島ノ西北岬玻嘴ナリ

明治廿八年二月廿一日従軍寫眞班撮影

威海衛港西岸北山嘴砲臺ノ全景其二

備砲ハ三門トモ克式廿四珊米三十五口徑ニシテ最高所ハ電燈臺(此處ニ砲一門ヲ備フ)其直下ノ屋舎ハ發電室ナリ

明治廿八年二月廿一日從軍寫眞班撮影

威海衛港劉公島棧橋前ニ於テ我水雷艇ノ破壊沈沒シタル敵艦威遠號

明治廿八年二月廿一日従軍寫眞班撮影

威海衛港西岸北山嘴水雷營砲彈ノ爲メニ破壞ノ光景

明治二十八年二月十六日從軍寫眞班撮影

威海衛港劉公島ノ南灘ニ於テ我水雷艇ノ破壊沈没シタル敵ノ巨艦定遠號

明治廿八年二月廿一日従軍寫眞班撮影

威海衛港劉公島ニ於ル信號臺及電燈臺ノ景

明治廿八年二月廿一日從軍寫眞班撮影

威海衛港劉公島市街及全港内諸船艦集合ノ光景其一

圖ノ右方上部沿岸ニ突出スル岬角上ハ祭祀臺砲臺、其左方ノ沿岸ハ馬頭街、其下方ニ列セル船艦ノ左翼上ノ沿岸ハ威海衛
其下方ノ島角ハ黄島砲臺、其下方ノ岸上ニアル二個ノ圓形ハ隱顯砲坐ナリ

明治廿八年二月廿一日従軍寫眞班撮影

威海衛港劉公島市街及全港内諸船艦集合ノ光景其二

圖ノ右方ニ突出セルモノハ波止場、中央ヨリ左方ニ至ル大家屋ハ護軍右營、左方ノ廣キ平地ハ操塲、其右方ノ尖端側ニ横ハル船ハ我水雷艇第九號、其上方對岸ノ頭角ハ金山頂ナリ

明治廿八年二月廿一日従軍寫眞班撮影

威海衛港劉公島市街及全港内諸船艦集合ノ光景其三

右方ノ岸邊ニ積堆セルモノハ石炭、其左方及下方ノ家屋ハ水師學堂、中央大家屋ノアル處ハ煤煙局、其大家屋ノ棟上ニ近ク横ハルモノハ沈没セル敵ノ水雷艇、圖ノ左方ニ並列セル家屋ハ工程局、其上方ヨリ海中ニ突出セルハ棧橋ニシテ其左側ニ小滊船其右側ニ「ジヤンク」ノ沈没スルアリ而シテ其上方ニ碇泊スル最巨艦ハ鎭遠號ナリ

明治廿八年二月廿一日從軍寫眞班撮影

威海衛港劉公島市街及全港内諸船艦集合ノ光景其四

圖ノ右方棧橋ノ端側ニ沈沒セル船ハ敵艦威遠號、又中央ニ吐煙セル船ノ直上ニ大煙突ヲ有スル船ハ沈沒セル敵艦靖遠號ニシテ圖ノ下部諸家屋ノ右方ニ於ルモノハ丁提督ノ官宅其左方ニ於ルモノハ他ノ諸官宅トス

明治廿八年二月二十一日從軍寫眞班撮影

威海衛港劉公島市街及全港内諸船艦集合ノ光景其五

圖ノ右方海中ニ横ハルモノハ顛覆セル敵艦來遠號、岸邊ニアル小船ハ小蒸滊船ノ沈沒セルモノ、其ノ下方ノ大家屋ハ海軍公所ニシテ敵ノ巨艦定遠號ノ沈沒セル位置ハ遙カニ此圖ノ左方ナリ

明治廿八年二月廿一日從軍寫眞班撮影

威海衛港黃島砲臺ノ全景

備砲ハ克式二十四珊米三十五口徑左端ノ山岳ハ北山嘴ナリ

明治廿八年二月廿一日從軍寫眞班撮影

威海衛港ノ西岸黄土崖砲臺我軍ニ於テ破壊後ノ光景

備砲ハ克式二十一珊米三十五口徑ニシテ前山ハ大口山脈ノ一部ナリ

明治廿八年二月廿二日従軍寫眞班撮影

我軍ノ破壞ニ係ル威海衛港ノ東岸龍廟嘴砲臺內ノ克式十五珊知米三十五口徑砲

明治廿八年二月二十四日從軍寫眞班撮影

我軍ノ破壊ニ係ル威海衛港ノ東岸龍廟嘴砲臺ノ全景
備砲ハ皆克式廿一珊米三十五口徑ニシテ中央ノ遠山ハ威海衛港西岸ノ大口山、脈右端ノ山岳ハ劉公島ナリ
明治廿八年二月廿四日従軍寫眞班撮影

威海衛ノ全景

圖ノ右方ナル遠山ハ劉公島、其左端ハ岬玻嘴、其下方海岸ノ樓屋ハ城壁東南隅ノ樓閣、圖ノ左方ニシテ電信柱ノ右方旗竿ノ近傍ナル南門樓閣、左方ノ遠山ハ北山嘴ナリ

明治廿八年二月廿四日從軍寫眞班撮影

威海衛ノ全景

圖ノ右方ニ於ル前方ノ圍壁上ニアル樓屋ハ東門、其左方上部ニ人家ノ密集セルハ馬頭街、圖ノ中央前方ノ圍壁內ニアル砦風狀ノ家ハ聖廟、其上方ノ大屋ハ關帝廟、圖ノ左方全圍壁上ニアル一棟ハ東北隅ノ樓閣、其上部ヨリ右方ニ流ルヽ山脈ハ大口山ナリ

明治廿八年二月廿四日從軍寫眞班撮影

威海衛ノ全景

圖ノ左端ナル高樓ハ西北隅樓閣ニシテ環翠樓ト稱シ此處ニ和寇ノ碑アリ是ヨリ右下方ナル團壁ノ門口ハ西門、其右方上部ニ大小五棟ヨリ成ル一團ノ家屋ハ姑子菴、山麓ニ散點セル白影ハ墓標、天空ニ聳ユルハ大口山ナリ

明治廿八年二月廿四日從軍寫眞班撮影

我軍ノ破壊後ニ於ケル威海衛港東岸龍廟嘴砲臺ノ全景

備砲左方二門ハ十五珊米右方二門ハ廿一珊米皆克式三十五口徑ナリ

明治廿八年二月廿四日従軍寫眞班撮影

金州兵站病院前ニ於ル創痍者後送ノ景狀

明治廿八年三月十八日金州城北門內ニ於テ從軍寫眞班撮影

朝鮮國軍務大臣ノ一行

右端ノ前ナルハ前府使李承九、其左ハ參領申泰林、其左ハ行首宣傳官李鳳鎬、其左ハ前正字嚴柱完、其左ハ軍務大臣趙義淵、其左ハ前承宣朴準陽、其左ハ前參判金裕成、其左ハ參議李始榮、其左ニ直立セルハ士官學徒朴齊範、其右ハ前承宣申炳休、其右ハ前正字李載克、其右ハ前府使李南熙、其右ハ副尉金有植、其右ハ傳語李宅奎、其右ハ行首別軍尹始炳、其右ハ警部荻原秀三郎、其左上部柱ノ側ラニ直立セルハ兵丁嚴千萬、其左ハ下人、其左ハ前副護軍朴永漢、其左ハ士人林學周、其左ハ傳語崔敬球、其左ハ傳語金漢植、其左ハ主事姜華錫ナリ

明治二十八年三月十九日金州第二軍司令部内ニ於テ從軍寫眞班撮影

金州兵站部附近ニ於ル支那荷車ノ集合

明治二十八年四月五日従軍寫眞班撮影

大連灣ニ於ル我運送船碇泊ノ光景其一

圖中ノ中央ニアルハ柳樹屯棧橋、其上方ノ家屋ハ柳樹屯市街、右方ノ大ナル家屋ハ仝所水雷營、其上方ニ重疊セル板葺ノ家屋ハ臨時ノ建築ニ係ル兵站部倉庫、遠山ハ大和尙山ナリ

明治廿八年四月十八日從軍寫眞班撮影

大連灣ニ於ル我運送船碇泊ノ光景其二

明治廿八年四月十八日從軍寫眞班撮影

大連灣ニ於ル我運送船碇泊ノ光景其三

明治廿八年四月十八日従軍寫眞班撮影

大連灣ニ於ル我運送船碇泊ノ光景其四

圖ノ左方ヨリ海中ニ突出セルハ和尚島ノ岬角ナリ

明治廿八年四月十八日従軍寫眞班撮影

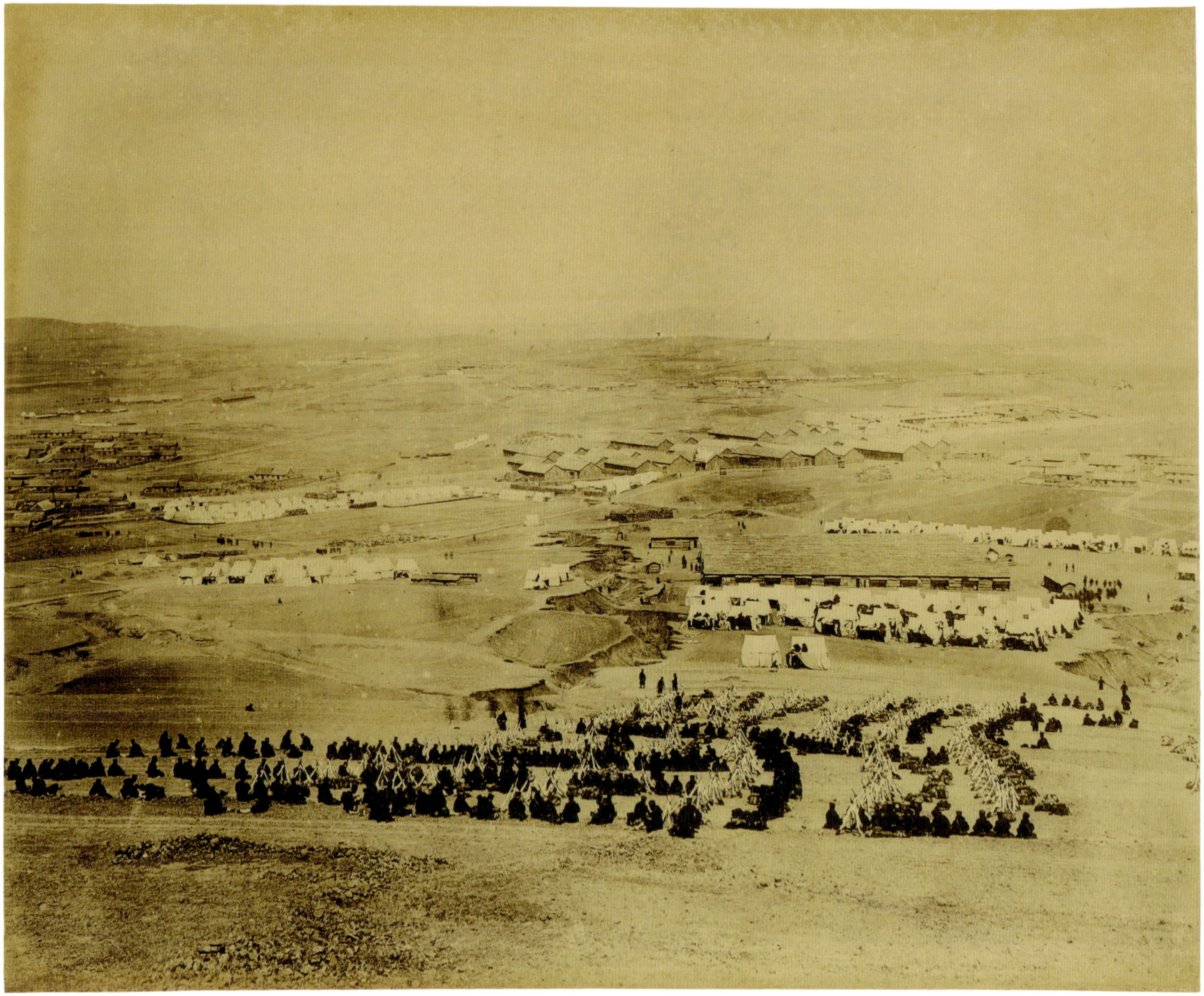

柳樹屯倉庫及近衛師團ノ一部上陸ノ光景其一

圖ノ中央ニ重疊セル板葺ノ家屋ハ臨時ノ建築ニ係ル兵站部倉庫、各處ニ白ク連接シテ建ツルモノハ天幕、叉銃休憩シアル軍隊ハ近衛歩兵第三聯隊ノ一部ナリ

明治廿八年四月十八日従軍寫眞班撮影

柳樹屯倉庫及近衛師團ノ一部上陸ノ光景其二

圖ノ中央ナルハ柳樹屯棧橋ニシテ其橋礎ヨリ左方ニ列セル家ハ水雷營、其右方小ナル棧橋ハ我軍ニ於テ臨時ニ架設セルモノ、其上部右方ノ構圍ヲ繞ラシタル一團ノ家屋ハ關帝廟、其下部ニ人家ノ稠密セルハ柳樹屯市街、散點休憩シアル兵ハ近衛歩兵第三聯隊ノ一部ナリ

明治廿八年四月十八日從軍寫眞班撮影

柳樹屯兵站病院及倉庫

明治廿八年四月十八日從軍寫眞班撮影

旅順大總督府

明治廿八年四月廿六日從軍寫眞班撮影

第二軍司令部將校全相當官及高等文官

明治廿八年四月廿八日金州城第二軍司令部内ニ於テ從軍寫眞班撮影

旅順大船渠内鎮遠號ノ修理

圖、矩形等ノ白線ハ彈痕ニシテ修理ノ部ヲ指示スル爲メニ描ケルモノナリ

明治廿八年五月六日従軍寫眞班撮影

旅順大船渠内鎮遠號ノ修理

圖、矩形等ノ白線ハ弾痕ニシテ修理ノ部ヲ指示スル爲メニ描ケルモノナリ

明治廿八年五月六日従軍寫眞班撮影

旅順船澳内ニ碇泊中ノ横濱丸ニ於ケル伊東全權大使ノ一行

明治二十八年五月九日従軍寫眞班撮影

旅順魚雷局内魚形水雷倉庫ノ内部

明治二十八年五月十四日従軍寫眞班撮影

旅順口魚雷營棧橋ヨリ全構内ヲ望ム圖

明治二十八年五月十四日從軍寫眞班撮影

旅順口魚雷營棧橋

明治二十八年五月十四日從軍寫眞班撮影

旅順口水雷艇引揚船渠ニ備フル遊動棧橋

遊動棧橋ノ底ニハ傾斜ヲ附シ前後ニ進退昇降セシムルモノナリ

明治二十八年五月十四日從軍寫眞班撮影

旅順口魚雷艇倉庫ノ全景其一

明治二十八年五月十四日従軍寫眞班撮影

旅順口魚雷艇倉庫ノ全景其二

中央ニ於ル三條ノ鐵軌上ニ横ハルモノハ各倉庫ニ通スル軌道ヲ接續スル遊動軌道ナリ

明治二十八年五月十四日從軍寫眞班撮影

旅順口魚雷艇倉庫ノ全景其三

中央ノ溝渠ハ水雷艇引揚船渠ニシテ輾道ノ末端ニアルモノハ遊動棧橋ナリ

明治二十八年五月十四日從軍寫眞班撮影

旅順口知港事廳

明治二十八年五月十四日從軍寫眞班撮影

大總督府一行ノ乗船セル威海丸旅順口抜錨ノ光景

中央ニアル大船ハ威海丸其右方ニアルモノハ末廣丸ナリ

明治二十八年五月十七日播陽丸ニ於テ從軍寫眞班撮影

馬關ニ於テ大總督府一行ノ乗船セル横濱丸入港ノ際之ヲ歡迎スル光景

明治二十八年五月廿日播陽丸ニ於テ從軍寫眞班撮影

第二軍による旅順攻略戦・威海衛攻略戦についての再考察

長南政義（戦史研究家）

はじめに

日清戦争の戦史的研究には、檜山幸夫『日清戦争　秘蔵写真が明かす真実』（講談社、1997年）や原田敬一『戦争の日本史19　日清戦争』（吉川弘文館、2008年）がある。しかし、両書とも第二軍の旅順攻略戦・威海衛攻略戦に関しては、公刊戦史である参謀本部編『明治二十七八年日清戦史』（東京印刷会社、1904～1907年）を典拠とし、その記述も部隊の動向を主たる内容としており、作戦方針をめぐる参謀の対立などといった第二軍の作戦指導の実相に関する記述に欠けている。

また、斎藤聖二『日清戦争の軍事戦略』（芙蓉書房出版、2003年）は、山東半島作戦について言及しているものの、第二軍の作戦指導の実相に関する記述は少なく、第二軍の旅順攻略戦については、述べられていない。

そこで、本稿では、檜山氏、原田氏および斎藤氏の著作を含む日清戦争に関する先行研究がほとんど使用してこなかった東條英教「隔壁聴談」（防衛省防衛研究所戦史研究センター所蔵）および第二軍参謀藤井茂太『偕行叢書八　両戦役回顧談』（偕行社、1936年）や、先行研究がまったく使用していない新史料村上少将［村上啓作］「日清戦役に於ける高等統帥の概観」（『日露戦史　統帥　第五巻　奉天会戦』、防衛省防衛研究所戦史研究センター所蔵）を基に、本写真帖の主たる撮影対象となっている旅順攻略戦・威海衛攻略戦における第二軍の作戦指導の実相について論じてみたい[1]。

なお、引用史料は、原文の片仮名を平仮名に直し、句読点を付した。

第1章　開戦から第二軍編成まで

宣戦布告まで

日清戦争の原因は、朝鮮をめぐる日清両国の対立にある。国防上の理由もあり朝鮮を独立国とみなす日本は、朝鮮を属邦とみなす清国と対立したのである。明治27年、朝鮮で東学党が蜂起し、その討滅に失敗した朝鮮政府は清国に援兵を要請し、日本も公使館および在留邦人保護を理由として朝鮮に出兵することを決定した。6月、大島義昌率いる混成第九旅団が朝鮮に派遣され、清軍は牙山附近に、日本軍は京城、仁川間に集結した。日本は東学党の共同鎮圧や朝鮮の内政改革を清国に提議したが、清国は日本の提議を拒否し露国の干渉により日本の譲歩を得ようとするなど、日清間の外交交渉は難航した。7月20日、駐朝公使大鳥圭介は清と朝鮮の宗属関係破棄などを内容とする最後通牒を朝鮮に通告、7月23日、日本軍は漢城の朝鮮王宮を占領した。7月25日、日本海軍は、豊島沖海戦で清国海軍を撃破、7月29日、混成第九旅団は成歓で清国軍を敗退させ、陸海で日清両国は交戦状態に入り、8月1日、日本は清国に宣戦布告を行った。

作戦大方針

8月5日、参謀総長有栖川宮熾仁親王が天皇に拝謁し参謀本部が立案した「作戦大方針」を奏上した。「作戦大方針」によれば、日本軍の目的は、軍主力を渤海湾頭の山海関附近に上陸させ、直隷平野で決戦を行うことにあったが、この目的が達成可能か否かは黄海および渤海湾の制海権を日本海軍が確保できるか否かにかかっていた。そのため、作戦計画が二期に区分された。なお、筆者の見解であるが、第一期と第二期との大きな相違は、前者が開戦の結果如何に拘らず実施すべき事であり、後者が海戦の結果を待って実施すべき事という点にある。

第一期は、第五師団を朝鮮に派遣して清軍をこの方面に牽制すると同時に、日本海軍が清国海軍を撃破し、黄海および渤海の制海権を確保する。

第二期は、制海権掌握の程度により以下の三つの場合が想定された。(甲)制海権確保の場合、陸軍主力を渤海湾頭に進めて直隷平野で「大決戦」を行う。しかし、この当時、清国海軍は隻数及び総トン数の両面で日本海軍を凌駕しており、日本海軍が清国海軍を撃破できるとは限らなかった。そこで、(乙)日本海軍が渤海および黄海の制海権を確保できないが、日本近海の制海権を確保できた場合、陸軍の主力を朝鮮半島に輸送して清軍を撃破し、「韓国の独立を扶植」する。さらに、日本にとって最も不利なケースも想定されており、(丙)清国海軍が日本近海の制海権までも掌握した場合、朝鮮半島に展開する第五師団を援助すると同時に、国内防備に努める、とされた[2]。

甲・乙・丙のうちのいずれを採用するかは、制海権の確保如何にかかっていたが、日本の連合艦隊は、容易に敵艦隊を捕捉できず、8月14日、連合艦隊から大本営に、朝鮮西岸に待機して自重の策をとるとの電報が届いた。そこで、大本営は「作戦大方針」の乙で作戦を進めることとしたが、年内に直隷平野での決戦を行う見込みが立たなくなったので、8月31日には冬季作戦方針を策定した。

冬季作戦方針

冬季作戦方針の大要は、直隷平野での決戦準備のため、①直隷進出の根拠地となる旅順を攻略すると共に、②渤海北岸の敵軍を牽制して盛京省(南満洲)に牵き付けるために、第一軍を朝鮮半島から北進させて奉天を衝く、というものであった[3]。

そして、この方針に基づき、朝鮮半島に展開中の第五師団に第三師団を増加して第一軍が編成されて朝鮮半島の清軍を撃破することとなり、軍司令官には山県有朋が任命された。

9月16日、第一軍は平壌を占領、北進を継続して10月24日に鴨緑江を渡河し、南満洲に侵入した。9月17日には、連合艦隊が黄海海戦で清国艦隊を撃破し制海権を確保した。以後、清国北洋艦隊は旅順および威海衛に潜み防勢に立った。

第2章　第二軍編成の経緯

冬季作戦方針は、旅順攻略のために、第一軍の兵力を分離するか、または別に軍を編成するとしていたが、黄海海戦の戦勝により旅順攻略の機が熟した当時、第一軍は兵力を分離できない状態にあった。そこで、大本営は新たに軍を編成し、旅順攻略にあてることとなった。従来、第二軍編成の経緯については、明確でない部分があったが、「隔壁聴談」によれば次のような事情があった。

軍編成に際し、大本営が頭を悩ませたのが、「幾何の兵力を用ふれは果して旅順を攻略し得へきやを確実に判断する」ことが出来ない点であり、その原因は旅順に関する情報が不足していることにあった。つまり、大本営は、渤海の咽喉を扼する要地である旅順の「防禦編制及備兵の詳細」を「知悉する遑」がなく、攻撃軍の所要兵力を確定する材料を有していなかったのである。

そこで、大本営は、二個師団半から構成される攻撃軍を編成し、一個師団は内地に留め、一個師団半を攻撃軍司令官に附し、攻撃軍が現地に赴き偵察した結果、攻撃軍司令官がなお兵力を必要であると認めた時に、内地に留め置いた一個師団を派遣する方針を定めた。

攻撃軍の編成部隊として選ばれたのは第一師団および混成第十二旅団(第六師団)である。第一師団は、直隷平野決戦に使用予定であったため、本来なら動員されていない部隊であったが、「動員せる一師団を必す常に内地に掌握するの主義」であった大本営が、第三師団の朝鮮派遣に際し、第一師団を動員していたため、第一師団が選ばれることとなった。混成第十二旅団は、大本営が第一軍司令官よりの兵力増加要求に応じる目的をもって第六師団長に編成させた部隊であったが、平壌陥落の結果派遣不要となり、戦備を整え小倉地方に集中していた部隊であった。

なお、一個師団半のほか、攻撃軍司令官の要請をまって派遣すべき一個師団には、大本営における討議の結果、第二師団が選ばれ、動員が発令された。また、第二師団の動員と同時に、直隷平野決戦に使用予定であった近衛師団にも「聖旨」に基づき第一充員が令せられた。この時期に本来なら不必要なはずである近衛師団の第一充員は「士気の消長」を顧慮してなされたものであった。

(11 ページ)

(71 ページ)

9 月 25 日、大山巌が第二軍司令官に任命され、10 月 3 日戦闘序列が示された。第二軍司令部の主要職員は、司令官大山巌、参謀長井上光、参謀副長伊地知幸介、参謀井口省吾、神尾光臣、藤井茂太などであり（11、71、152 ページ参照）、戦闘序列の主要なものは第一師団（長、山地元治）、第二師団（長、佐久間左馬太）、混成第十二旅団（長、長谷川好道）、臨時攻城廠などであった。臨時攻城廠が戦闘序列に加えられた理由は、清国の大きな市邑は磚壁で囲まれていて野砲射撃に対し「充分なる防禦力」を持っているため破壊力の大きな砲が必要である点にあった。そのため、陸軍当局者は開戦以来、口径の大きな攻城臼砲および加農砲の鋳造に努めており、この頃ようやく完成しつつあったのである。ただし、後述するように、臨時攻城廠のこれらの砲は、旅順攻撃の際、各種の故障に因り威力を発揮できなかった。

また、従来まったく指摘されていなかったが、後述するように、第二軍司令部は司令官大山と参謀長井上との相性が悪く、司令官と参謀長の関係が良好とはいえなかった。日露戦争において、満洲軍総司令官に就任した大山が、自身との関係がよかった児玉源太郎を総参謀長として起用した理由の一つは、日清戦争時において参謀長との

(152 ページ)

関係が不良であった大山の経験にあったものと推測できる。先行研究でまったく無視されているが、この点は、もっと重視されてよい。

10月8日、大本営は大山に、第一軍と気脈を通じ、連合艦隊と協力して旅順半島を占領すべきとの訓令を出した。大山は、第一師団をもって金州および大連湾を占領し、その後、混成第十二旅団と共に旅順攻撃を進める決心をした。10月16日、第二軍司令部は旅順半島に向け宇品を解纜し、10月19日連合艦隊の仮根拠地である大同江口の漁隠洞に到着した[4]。

第3章　上陸地点をめぐる陸海軍の論争

上陸地点をめぐる陸海軍の対立

当時、第二軍司令部が直面していた問題に、第二軍の上陸地点をめぐる陸海軍間の対立があった。この問題に関して「隔壁聴談」は、連合艦隊の「選定したる地点は陸軍の希望に副はす討論多岐に亘り遂に決する所なからん」としたが、大山が連合艦隊の意見に従って花園河口に決定したと記述し、陸海軍間の議論の詳細が書かれていない[5]。また、原田敬一『戦争の日本史19　日清戦争』も19行程度の記述ですましている[6]。そこで、本稿では、これまで論じられることがなかった陸海軍間の意見対立をやや詳細に論じてみたい。

10月8日の訓令を受けた大山は、第一師団を率いて連合艦隊の仮根拠地大同江口に至り、その掩護により「貔子窩東方五海里」の地点に上陸して金州および大連湾を攻略し、次いで混成第十二旅団を召致して旅順を攻略する決心をし、その計画を大本営に報告した。「貔子窩東方五海里」の地点は、「九月下旬連合艦隊司令長官より大本営に呈出せる偵察報告」により選ばれた場所であった[7]。

しかし、10月10日に至り、大山は、大本営の通知により、先に選定した上陸点が実は貔子窩東方5海里ではなく「二十海里」であることを知った。この地点は、作戦目標から遠く、前進路に畢利河が存在する不利があった。もし、第二軍が畢利河以西に上陸できればこの不利を回避できるうえ、畢利河を東方に対する上陸点掩護の地境として利用可能であった。そこで大山は、10月12日に広島から連合艦隊司令長官伊東祐亨に電報を打電し、上陸地点をより西方に選定することを要求した[8]。

なぜ、当初5海里であった位置が20海里と変更されたのか。その原因は連合艦隊のミスにあった。連合艦隊は黄海海戦直後から第二軍上陸地点の偵察に従事し、9月26日に大本営に「貔子窩の東方約五海里に可なりの上陸点あり。陸地は概ね平坦なり。然れとも海面は茫漠として水雷艇の奇襲を警むるに適せす。故に夜間は揚陸を止め運送船を沖に移すを要し、従て上陸に多くの日数を要すへし」と打電した。しかし、連合艦隊は、この報告中に「五海里」とあるのは「二十海里」の「誤謬」であることを発見し、10月9日に大本営に向かい訂正の電報を打電したのである。そして、この地点が花園河口または花園口と称する地点である[9]。

つまり、大山が10月8日に計画した時点では「五海里」であったものが、10月9日に連合艦隊から大本営に「二十海里」との訂正電報があり、それを受けて大本営が10月10日に大山に「二十海里」であると連絡した経緯となるわけだ。連合艦隊が9月26日に「五海里」と報告してから10月9日に「二十海里」と訂正するまで十数日経過しており、連合艦隊側の怠慢ぶりは非難されてよかろう。

既述したように、海軍の提案する上陸点を作戦上不利と考える大山は、10月19日に漁隠洞に到着するや連合艦隊司令長官伊東祐亨と会談し、上陸地点をより西方に選定することを要求したが、伊東は、①「敵の残艦或は南洋水師の若干と合して旅順口に拠り夜間水雷艇を縦ち攻撃を試むへきを慮り」上陸点の西方移転に反対すると共に、②「畢利河以西には到底適当なる上陸点なし」と主張して、両者の議論は一致点を見出し得なかった[10]。

大山はなぜ海軍側提案よりもより西方の上陸点にこだわったのか。第二軍参謀の藤井茂太によれば、第二軍側が上陸点をなるべく西方に希望した理由は、既述したもののほかに兵站上の理由があった。すなわち、陸軍は「兵站輸送力の甚だ少なき所から兵站路を短少ならしむる為、成るべく大連湾に近き処を希望」したというのである。藤井によれば、海軍は「旅順口よりする敵水雷艇の運送船を襲撃すること」をおそれ「成るべく大連より遠き処を希望した」というから、陸海軍の利害は真正面から衝突しており、陸海軍の意見対立がまとまらなかったのも首肯できる[11]。

大山・伊東の意見対立の原因は連合艦隊のミスにあったが、意見対立の解決の糸口となったのもミスであった。たまたま、「海図」と「陸地図」とに「齟齬」する所が発見されたのである。そこで、陸海軍より各々参謀2名を派遣し再偵察をさせることとなった。その後も数次にわたり協議が行われたが、陸海軍の意見は一致しなかった。そこで、大山は、いたずらに時日を費やして「作戦の時機を失せん」ことをおそれて、10月21日、伊東の意見に従うことにした[12]。

第二軍参謀藤井茂太の憂慮と揚陸作業の困難

第二軍の花園河口上陸は10月24日から開始された。第二軍で上陸の件を担当したのは第二軍参謀の藤井茂太である。藤井には上陸に際し心配事があった。第二軍の運送船が大同江口に集合中、露国軍艦一隻が運送船の集合している状況を偵知し西方に去ったため、露国軍艦が「悪意を以て、威海衛附近の敵に我が状況を漏洩しはしないか」と「大に心痛した」のである[13]。

この他にも上陸計画立案者である藤井の心痛の種として下記のようなものがあった。①日本から多数の艀船を携行することは不可能であること、②艀船を牽く小汽艇の数が少ないこと、③投錨地が陸岸から数海里離れていること、④桟橋架設のために艀船を使用する必要があり輸送用の艀船が減少すること、⑤干満の差が大きく干潟となる個所が長いことである。また、⑥花園河口が旅順に近く、敵襲の可能性が高かったのも問題であった。そのため、夜間は灯火を禁止し、もし敵が襲来した場合、各運送船は「随意に仁川方向に急航」すべく注意が出された[14]。

計画立案中のある夜、藤井らは渇きを覚えた。夜食後は炊事場に火は無く湯は得ることができなかった。そこに西洋寝衣を着用し小徳利を持った大山が現れ、「自分の飲み残りだが、この外に持合せとてはないから、これでも飲んで貰ひたい」と西洋酒を置いて行ったという[15]。

10月24日から開始された揚陸作業は、当初5日間で終了する予定であったが、8日と12時間かかった[16]。藤井によれば遅延の主原因は「揚陸点の不良」にあった[17]。すなわち、花園河口の錨地は、陸岸から3～4海里離れており、波浪高く揚陸のために汽艇を使い端艇を曳いても一昼夜2～3回往復できるのみであった。さらに、干潮の差が激しく、干潮の際は沿岸一帯に幅1500～2000メートルの干潟が出現し、軟泥が膝を埋めるため、人は歩けても馬匹材料の揚陸は困難であった（13ページ参照）。したがって、馬匹材料の揚陸は満潮時に限定される。揚陸場は、高い断崖に沿った幅20～30メートル、長さ150メートルの砂浜に限定された[18]。

激しい干満の差は古来より上陸側を悩ませる一大障害である。藤井はいう。「海底は泥質、艀船は満潮時でなければ海岸に近接出来ず、干潮時には艀船、小蒸汽何れも海泥中に膠著して動かず、泥は深くして渡渉困難、如何ともする能はず。満潮時に架設した桟橋は、干潮時には見上ぐる高所に繫り、之を使用すること不可能」（12～13ページ参照）。さらに、日本の艀船の船頭は黄海のような荒波に慣れていないため、すぐに疲労して櫓を漕ぐことができなくなり、艀船も「極めて脆弱で、間もなく多数破損」し、小汽艇の機関も昼夜の酷使に堪えきれずに破損し、満潮時でも「少しも揚陸を行ふ能はざる場合」があった[19]。藤井の憂慮は杞憂に終わらなかったのだ。

さらに、日本軍は、清のジャンクを艀の代用になると信じて花園河口で使用したが、これも問題を惹き起こした。ジャンクを空にするために搭載していた木材を海中に投棄したところ、投棄した木材が、狭隘な揚陸地に集積されて「海岸から数十米の間は全然閉塞」してしまい、「艀船は沿岸に接近する能はずして、之を取り除くのに、多大の労力を要し」た結果、「予定以外に全揚陸を遅延」させる原因となったのである。しかも、「揚陸を妨害」するだけで「何事をも為すことなく」存在したジャンクは、夜暗に乗じて外海に逃亡し、「一夜明くれば一隻の片影をも認め得なかつた」のである[20]。

10月28日第二軍は花園河口の南西方に位置する貔子窩を占領し、貔子窩は糧秣・弾薬の揚陸地（14ページ参照）、花園河口は人馬の揚陸地として使用されることとなった（8～10、14ページ参照）。

11月1日に全揚陸を完了した第一師団は、金州街道を進み、11月6日、金州城を攻略し（15～20ページ参照）、11月7日には大連湾を占領した。11月13日、混成第十二旅団が金州に来着した。軍司令官の当初計画では、第一師団による金州城攻略は「十一月三日」、混成第十二旅団の金州来着は「八日」だったが[21]、既述したような揚陸地として不適当であった上陸点の地理的条件が揚陸動作の遅緩を招き、各部隊の行動が予定の如く進捗しない結果を惹起させたのである。

第4章　旅順口攻略戦と大山巌「茫将」説の誤り

陸上方面の背面防御が未完成だった旅順口

原田敬一『戦争の日本史19　日清戦争』などの先行研究は、旅順口攻略戦の戦闘経過に関しては詳しいが、第二軍司令部による旅順口攻撃計画策定の過程に関しては記載がない。そこで、本稿ではこの点について詳述する。

旅順口は渤海の関門であり清国北洋の最重要軍港であった。清国は旅順の防備に力を尽し、「巨万の財」と「十数年の時日」を費やして新式砲台を構築したが、海正面の防備はほとんど完成していたものの、陸上方面の背面防御が未完成であり、開戦以来、仮備築城を施していた。海正面の防備は、黄金山、饅頭山砲戦砲台などを主幹とし（37 〜 39、50 ページ参照）、その他 9 個の補助砲台をもって防守し、陸正面の防備は大街道の東方においては蟠桃山、大坡山、小坡山、鶏冠山、二龍山、松樹山にわたり旅順口を半円形に包んで（35 ページ参照）、9 個の半永久砲台と 4 個の臨時砲台とを築いていた[22]。

第二軍司令官大山巌と軍参謀長井上光との熾烈な意見衝突

既述したように、旅順口攻撃に第二師団を召致すべきか否かは旅順口附近の敵情を偵察したうえで決定することとなっていた。大山は、偵察隊を派遣し旅順の敵情を探ると共に、参謀将校を前進路の偵察に従事させた結果、「現在の兵力を以て攻撃を実行」する決心をし、第二軍参謀井口省吾に攻撃計画の起草を命じた。この攻撃計画案により更に幕僚の討議が重ねられて攻撃部署が定められた[23]。

11 月 20 日早朝、大山は火石稜西北方高地に馬を進め自身で地形を偵察し、参謀将校を派遣し偵察に従事させると共に、軍工兵部長勝田四方蔵に「旅順港口背面の堡塁及其前方の地形」を偵察させ、その報告を受けた後、第一師団長、混成第十二旅団長および臨時攻城廠長を召致して、「午後一時」に翌 11 月 21 日払暁に実施される総攻撃の訓令を下した。その要旨は、①第一師団は攻撃目標を松樹山砲台とし、同砲台攻撃に先だち椅子山に所在する旅順西方の堡塁団占領に努める、②混成第十二旅団は攻撃目標を二龍山砲台とし、第一師団による旅順西方堡塁団攻撃間は持続戦を行う、③左翼縦隊は旅順東北方に展開し敵を牽制するというものであった[24]。第二軍の攻撃重点が、背面防御が未完成である旅順西方に指向されていたことがこの訓令からわかる。

公刊戦史は訓令が下されたのが「午後一時」だとしているが、これは藤井茂太の回想と食い違う。藤井によれば、軍司令部は「午後一時命令を下し、明払暁より攻撃を開始すべき予定」であったが、「本攻撃点の選定」に関して意見が分かれ「議論容易に決せず」、「命令下達の時刻は疾く既に過ぎ去り、二時間を経るも未だ決定せず」、命令受領者が「不平を唱へ」ていたという[25]。恐らく、命令下達の時刻が遅れたという点のみは藤井の記憶違いである可能性が高い。

日清戦争に関する先行研究では指摘されることがなかったが、「本攻撃点の選定」は日露戦争だけではなく日清戦争でも問題になっていたのである。純戦術的観点から論じれば、「堡塁線の最弱点は、永久築城の設備不完全なる敵の左翼」たる「椅子山の西南」であることは明白であるが、本攻撃点に関し幕僚の意見は分かれた[26]。その原因は、①旅順附近の「地図がなく」、幕僚は各々一方面のみを偵察したに過ぎず他方面の状況を知らないうえに、偵察中も砲弾が飛来し、「十分に要塞に近接すること困難」であったため、幕僚の認識に差が出たこと[27]、②第二軍主力（第一師団ほか）が旅順の最弱点である椅子山方面に進出するためには「大迂回」を実施する必要があり、その場合、二龍山を攻撃する混成第十二旅団との間に「約七、八千米の間隔」を生じるので、敵が第一師団と混成第十二旅団との中間に「楔状的逆襲」が可能であり、微弱な混成第十二旅団は「全く孤立」する危険性があったことにあった[28]。そのため、本攻撃点をめぐり幕僚間で甲論乙駁「各人顔面朱を注ぎ、口角泡を飛ばし、実に猛烈」な激論がなされた[29]。

甲論者「斯の如き大冒険を敢行せんよりは、第一師団と混成旅団とを近く併立せしめて、相連繋して松樹山、二龍山を攻撃する方、遥に安全である」。

乙論者「然れども、斯くするときは永久堡塁の最も堅固な正面に向ひ、平押して攻撃せざる可らざるに至り、成程軍の兵力は一所に集結しありて甚だ安全なるが如きも、斯の如き正面に、額を打ち当る如き攻撃法は、野戦ならばいざ知らず、苟も永久堡塁に向つては、多大の時日と犠牲とを払ふも尚且つ果して成功すべきや、是れ大なる疑問である。〔中略〕多大の危険あるも、速に之を奪取せんと欲せば、大迂回を以て敵陣地の最弱点を攻撃するに若かず」[30]。

さらに、事は極めて重大であるため、司令官である大山も自説を述べるに至った。このようなことは「全戦役中、その前後に絶無であつた」という。

大山（侃々として）「敵の最弱点たる堡塁の左側即ち椅子山堡塁を攻撃すべき」[31]。

司令部内の意見がまとまらないため、藤井が、意見具申を行った。

藤井「双方の論旨はもはや明瞭に尽きたりと思ふ。暫く休憩をなされては如何、此間に具体的に軍命令の草案を作るべし」。

大山「よし」[32]。

藤井は約15分間の休憩時間に命令を起案し休憩後に朗読したところ、数時間の大論戦も一瞬の間に決定し、既述した内容の訓令が決定された。藤井は、命令立案に際し「此の如く苦心したことは嘗てなかつた」という[33]。

大山が乙論者と同様に旅順の最弱点である椅子山方面に攻撃点を選定すべきであると主張したことはわかるが、甲論者と同趣旨の意見を主張した大山の論戦相手は軍参謀長井上光であった。筆者が発見した新史料によれば、大山は「平素の沈黙に似す、軍の攻撃部署に就て堂々と意見を述へて、伊地知参謀副長の攻撃方案を支持したるも、井上参謀長頑として肯かす、一時緊張したる場面を呈した」とある[34]。

藤井は甲論者、乙論者と実名を伏せているが、実は、甲論者は軍参謀長井上であり、乙論者は軍司令官大山と軍参謀副長伊地知幸介であったのである。また、大山軍司令官と井上軍参謀長との関係は、良好でなかったらしく、威海衛攻撃に際しても、「右翼方面偵察に赴きし井上参謀長は途中負傷し、軍司令官に報告せすして帰宿繃帯中、軍司令官の知る所となり、大山将軍激怒叱責し、大本営に於ても参謀長更迭説を生するに至れり」という事件が発生した[35]。この一件からも、日露戦争における大山の悠揚迫らざる泰山の如き態度は、大山の天性の資質ではなく、日露戦争当時の満洲軍総参謀長児玉源太郎に対する絶対的信任があってのことだったことがうかがえる。

従来、大山は「茫将」と評されることが多いが[36]、それは大山という人物の一面しか捉えておらず、今後は大山の人物像の修正が必要であるといえよう[37]。日清戦争における大山は、「茫将」どころか、軍司令官でありながら、幕僚と共に作戦計画について論戦を戦わせるような側面をみせていたのだ。この点はもっと広く認識されるべきであろう。

地図の不備が招いた喜劇

旅順附近の地図に関しては、「殆んど地図なき故全般の地形は皆目わからず、地名さへも何等信頼すべきものなく」という有様であったが[38]、既述した訓令下達の際に地図の不備が原因で喜劇が発生した。訓令が下達されるや、第一師団長山地元治は大山に向かって質問を投げかけた。

山地「第一師団の攻撃目標たる椅子山とは何れでありますか」。

敵から鹵獲した地図には「二ケ所に椅子山」と書かれており、「どちらが軍命令中にある椅子山なりや不明瞭」である上、参謀の藤井自身も「実は解らず」という状態であった。そこで、大山は藤井に向かって、

大山「只今山地師団長の質問があるから、実地に指示して申上げろ」と述べた。藤井は手を指し伸ばして、

藤井「あの山であります」と述べた。

山地「確かにあれか」。

藤井「間違ひありません」。

藤井自身も、自分が指示した椅子山が地図上にある椅子山と一致するか否かは判然としないものの、戦闘に必ず勝利する「確信」があったので、万一指示した椅子山が実際の椅子山と一致しない場合は、占領後に、自身が指示した山を「椅子山と改名するまでと決心」していたという[39]。

旅順口攻撃間の危機

旅順口総攻撃は、11月21日に攻城砲兵の砲撃により開始され、次いで野戦砲兵も椅子山に向け砲撃を始め（28ページ参照）、第一師団が椅子山の占領に成功し（32、36ページ参照）、混成第十二旅団は二龍山を陥落させた。さらに、第二軍は同日午後に至り白玉山、黄金山の攻略にも成功し、旅順はわずか1日の交戦で陥落したのは有名な話である。しかし、第二軍に全く危機がなかったわけではない。先行研究では明確に危機として言及されていないものの、第二軍司令部には次のような危機の時間帯が存在したのである。

第二軍が旅順に向けて金州を出発する時、第二軍は、清将・宋慶が約5000～6000の兵を蓋平およびその附近に集結させていることを（公刊戦史によると実際は約6900名）つかんでいたが、砲兵の有無は不明瞭であった[40]。これに対し、第二軍は金州および兵站主地である柳樹屯を防衛するために、金州守備隊（歩兵第十五連隊〈第三大隊欠〉および騎兵一個小隊）および大連湾守備隊（歩兵第十四連隊第二大隊〈第八中隊欠〉および騎兵半小隊）を残置した[41]。

守備隊の兵力は極めて僅少であったが、旅順口攻撃のための兵力さえ「不足」していたため、「これ以上を割くことは不可能」な状況にあった[42]。金州守備隊の兵力に関して、第一師団司令部は守備隊兵力を歩兵一中隊に減らし旅順口攻撃兵力を増加す

ることを熱望したが、軍司令部が固くこれに反対した経緯があった[43]。

11月21日の旅順口攻撃の間、第二軍司令部に「敵将宋慶は約六千の兵を以て、柳樹屯及金州を攻撃中にして、敵は既に百米金州の西門に近接せり。寸刻も早く援兵を乞ふ」との電文が入った。金州および柳樹屯が敵に奪取された場合、第二軍は糧食、弾薬およびその他物資が皆無となる[44]。旅順前面の状況は、第二軍司令部が旅順口攻略に際し期待を寄せていた臨時攻城廠の重砲の故障が続発したため、混成第十二旅団が「今にも撃退せらるゝであらうと、大に憂慮」された時期で、敵の逆襲も「憂慮」された[45]。

電文を見た藤井は心痛のあまり「顔色なし」という様子で、電文を大山に提出した。ところが大山は「そうか」と答えたのみで、傍らに清兵の重傷者が地に伏し、清兵の愛犬が鳴いているのを見て、犬にパンを与えたうえで、軍医部長に向かい「すぐ助かるなら治療してやれ」と指示したのみで、電報については何も知らないかの如くであり、「少しも憂色なく、全く平素と毫も異なる処がない」様子であった[46]。

藤井はこの大山の態度を「超人間的沈勇」とか「大将軍の面目とは蓋し斯の如きもの」であるとして賞讃しているが[47]、大山は直後に援兵を金州に送る命令を発しており、大山は清兵と犬の事件を利用して、援兵要請をいかに処理するかを「ゆっくりと考へた」というのが[48]、この事件の真相であるようだ。

旅順に存在した「摩擦」——重砲の展開困難と故障続発

戦争では偶発事件や予測不能な事柄が多数発生し、指揮官の作戦遂行を妨害する。換言すると、戦争においては、作戦計画を実行に移す際に、計画立案時に考えもしなかったような無数の障害が発生して、作戦計画の円滑な実行を妨害するのだ。クラウゼヴィッツは、作戦計画を実行に移す際に直面する障害を「摩擦」と呼んだ[49]。

旅順において第二軍司令部は摩擦に直面している。旅順口攻撃に際し、軍司令部は「重砲に多大の期待を持」っていた[50]。公刊戦史によると、11月20日に、大山は第一師団長および混成第十二旅団長に対し、「本夜攻城廠の重砲を陣地に配置するに当り之を掩護すへき」ことを命じているが[51]、実はこの件に関し問題が生じている。藤井によれば、重砲の射程の関係で「前哨線の前方三、四百米」のところに砲床を造る必要があり、第一師団にこの工事を掩護するように命じたものの「応じない」ため軍直属の工兵部隊に援助させたのだというのがそれだ[52]。つまり、第一師団長が軍司令官の命に従わなかったわけである。

重砲を装備していたのは臨時攻城廠に属する徒歩砲兵連隊（加農砲16門、臼砲14門）であったが、射撃距離が大きく効果が期待された第一中隊の十二珊加農砲4門は、「重量大なると、坂路急峻」であるために「徴発輓馬の力にては、如何に鞭打つも」予定陣地である高地に展開することができず、藤井が「この大砲を高地上に登せ得たならば、各人毎に数日分の賃銀を与へる」と軍夫を督励して[53]、午前8時に2門のみが火石稜に到着する有様であった。

さらに、第二軍が期待した重砲は、混成第十二旅団が攻撃中の緊要な時機に「殆んど射撃を中止」した。これを見た藤井は大山に対し「多分、携行弾数が元来少きが故に、打惜みを為し居るに非ざるやを疑ふ。因て放列に赴き其状況を極めん」との意見具申をし、重砲陣地に赴いたところ、徒歩砲兵連隊長和田由旧は「ポロポロと涙をこぼして」のち、「実は打惜に非ず。放列に到りて大砲を見られたし」と答えた。放列で藤井が目にしたものは、「九珊臼砲を除くの外多くは閉鎖器膨張し」て射撃ができない状況であった[54]。

第二軍の旅順口攻略は、「少なくも二日」もしくは「三、四日なるべし」との幕僚間の予想を覆し1日で終了したため[55]、第二軍が作戦行動中に直面した危機や、作戦計画を実行に移す際に軍司令部が遭遇した予測不可能な事態に関して先行研究ではとり上げられてこなかった。しかし、日清戦争の第二軍は旅順口攻撃において様々な困難や摩擦に直面しながら作戦を展開したのである。

第5章　威海衛攻略と「雪の進軍」

威海衛攻略決定までの経緯——威海衛に所在する敵艦隊撃破が目標だった山東半島作戦

第二軍は、冬季作戦方針に従い、旅順攻略後冬営の準備に入ったが、旅順口陥落後の大本営は、第四師団を動員するなど、冬期間の直隷平野決戦に傾斜しつつあった。そのためには、威海衛に残存する敵艦隊を撃破して海上輸送の安全を確保する必要がある。そこで大本営は海軍軍令部に対し「陸兵を進めて威海衛の背後を衝」くことを協議したところ、海軍軍令部は、「敢へて戦闘を交ゆる迄もなく敵艦を拘制して威海衛港外に出てさらしむる事容易なり。故に陸軍は之に顧慮せす直ちに進んで大決戦に移るを良策とす」と回答した。そこで、参謀総長は、連合艦隊司令長官に渤海偵察の訓令を出した。

この直後、第二軍参謀神尾光臣が戦地より帰国し大本営で「威海衛に在る敵艦を破砕したる後に非されは渤海の上陸は到底行ふ可からす。是れ故に先つ陸軍を進めて威海衛を攻撃せん事、是れ我か第二軍及連合艦隊幕僚の定論なり」と述べた。

神尾の発言を聞き疑惑の念を抱いたのは大本営陸軍参謀である。というのも、海軍軍令部は威海衛に所在する敵艦は顧慮するに足らずとの見解を述べる一方で、連合艦隊は威海衛の敵艦隊を撃破した後でなければ渤海湾における上陸作戦は不可能であるといい、両者の見解は矛盾しているからである。

そこで大本営の陸海軍参謀が会し、大本営陸軍参謀が大本営海軍参謀に対し海軍軍令部と連合艦隊幕僚との見解が異なる理由を質問したところ、大本営海軍参謀は、①先日、威海衛所在の敵艦は顧慮するに足らずと述べたのは、我が艦隊の勢力が敵に倍する成算があったためであるが、②我が艦隊は威海衛湾内に籠もる敵艦隊を監視するために遊弋する必要があり、この作戦中に戦力を「減耗」させるためこの成算は何時までも継続するものではなく、やがては敵艦を封じ込めておくことが困難になる、③これが、連合艦隊が敵艦を撃破しなければ渤海湾での上陸作戦は不可能であると述べた理由である、と述べた。

さらに、連合艦隊司令長官と第二軍司令官が連署して山東半島を攻撃して敵艦を撲滅すべきことを意見具申してきたため、大本営海軍参謀の弁明により敵艦を撃破すべき理由が明白になったこともあり、大本営は威海衛を攻略するために山東半島での作戦を実行することに決定した。

つまり、大本営は、初めから山東半島における作戦を実施する企図をもっていたわけではなく、直隷平野決戦のために他日「渤海湾頭に大輸送を行ふに方り其の妨害と為る可き敵の残艦を破壊するの必要」に迫られて山東半島の作戦を実施する決定を下したのであり、山東半島作戦の攻撃目標は「海上の敵艦」にあったのである。

こうして山東半島での作戦実施が決定され、大本営は、第二軍の戦闘序列を改め第一師団、第二師団、第六師団とすると共に、威海衛攻撃のために任意の兵力を定め、任意の師団を使用すべしとの訓令を第二軍司令官大山に発した。しかし、大本営は、大山にそのような訓令を発したものの、直隷平野決戦準備のために内地に所在する兵力を前方に進出させておきたかったため、広島に在った第二師団および九州に在った第六師団の主力を山東半島での作戦に使用させたい意向を有していた。そこで、大本営陸軍上席参謀川上操六は大山に書簡を送ってその同意を取り付けることに成功し、大山は第二師団および第六師団の半部をもって山東作戦軍を編成した[56]。

山東半島の作戦で山東作戦軍が悩まされた後方勤務

山東角から威海衛に至る地方の「海図、地図は共に不十分」であったため、山東地方の上陸点を偵察することが必要であり、偵察の結果、①龍睡湾が「無二の良揚陸場」であること、②井戸の数が少なく「一村に両三個の大井戸」があるに過ぎないこと、③薪炭を入手することが困難であることがわかった[57]。

偵察結果を基に明治28年1月20日、山東作戦軍の第一次揚陸部隊が山東半島に上陸した（76〜80ページ参照）。軍参謀の藤井によれば山東半島の作戦で「最も困難」であったのは「後方勤務」であったという[58]。その主たる理由は、①劣悪な道路事情と、②山東作戦軍が保有する運搬能力の不足にあった。

①に関して、藤井は「道路は幅狭くして極めて急峻なる処多く、且つ氷雪凝結の為路面の滑走甚だしく、先づ道路を修繕するに非ざれば、駄馬、時として単独騎乗者と雖も、通行困難なる個所が多い状態」であったという[59]。

②に関しては、藤井は、当時山東作戦軍の麾下にあった糧食縦列や兵站部の軍夫などだけでは運搬能力が不足すると考え（84ページ参照）、金州で「支那馬車（四馬を駕す）五百輛」を「人馬と共に武力を以て一所に数日間監禁」してこれを龍睡湾に海上輸送し運搬力の不足を補うという「強圧手段」に出たという[60]。

また、藤井は、敵を牽きつけて撃破し、かつ山東作戦軍の「兵站路を短縮」するために、龍睡湾上陸直後に、山東角・威海衛間の電線を切断して通信機を接続し、威海衛に対し「唯今日本兵上陸せんとす、速に威海衛より大兵を進めて、之を撃破せられたし」との偽電を打つ工作も実施している（結果は失敗）[61]。

このような山東作戦軍の努力にもかかわらず、山東半島に上陸後の山東作戦軍は、時々降雪があったこともあり「徒歩者と雖も、時に行進する能はざるに至」ることがしばしば出来し、特に上陸が終わって数日後には、「降雪の為糧食運搬の方法全然杜絶」し、軍司令官である大山でさえもが「時としては山東名物の薩摩芋で空腹を凌」ぐようなこともあった[62]。

大山は、日清戦争の際、コックを連れていたが、そのコックは凱旋に際し鍋を土産に大山家を訪問した。この鍋は後に大山家の家宝として保存されることになるのだが、その経緯をコックが次のように述べている。「これに半分もない稗と粟の粥で殿様〔中略〕が召上ったのです。調味料は塩だけ。何んぼ捜しても食物は見つかりません。軍吏部にいくらかけあっても「無いものは無い」といわれ、私は泣きましたが、殿様からは「戦争中じゃ」と叱られ、つらい思いで一ぱいでした。どうかこの鍋は戦争の記念として御家に御保存を御願いします」。稗と粟とは豊かではない山東地方で徴発可能であった食糧であり、山東半島龍睡湾上陸から威海衛攻撃までの行軍中の大山は、一般兵士と同様の食事を強いられたのである。そのため大山は日清戦争の出征の苦労で体重を5貫減らしたという[63]。

大山が危篤に陥らんとしていた際に、継嗣である大山柏を呼び、蓄音機で日清戦争のことをうたった軍歌「雪の進軍」をかけさせ、「愉快じゃった」と述べて深い眠りに落ちたといい、大山柏から「何れの戦役が一番苦労したか」と尋ねられた際に、大山は「日清役じゃったよ」と答えたという[64]。また、大山は日清戦争当時に使用した鍋や釜などの掃除をしながら、「日露の時は御大名旅行でしたが、日清の時は、相変らず貧乏武士でした」とも述べており、日清戦争当時の苦労を察することができるが[65]、大山が継嗣に命じてかけさせた曲「雪の進軍」こそ、第二軍に従軍していた永井健子が山東半島における作戦をテーマに作詞・作曲した曲であった。

本写真帖には「第二軍司令部員栄城県ニ向フ」との説明が附された写真が収録されているが、大山が「雪の進軍」をかけさせたときに頭をよぎったのはこのような光景であったのだろう（85ページ参照）。大山が在世中「最も好んで時勢を語」ったのは「二十七、八年戦役に関する事が多かつた」というが[66]、大山にとって日清戦争は、山東半島での進軍に際しての苦難や、幕僚との論戦などといったこともあり、最も思い出深い戦争であったのだ。

威海衛攻撃――軍司令官大山巌、軍参謀長井上光を叱責する

威海衛は、南岸に7個、北岸に11個、劉公島および日島の5個の砲台に、二十四センチ加農砲以下161門の火砲および機関砲を備えていた[67]。

藤井によれば、威海衛攻撃に際しては、地図がないため、軍司令部幕僚が4班に分かれ偵察を実施した後に仏爺山の頂上に集合して攻撃命令を下す予定であった。しかし、そのうちの一班が午後5時頃になっても山上に来会せず命令を下すことができなかった。数時間待っても何等の消息がなかったため、軍司令官は山を下りて孟家房に到り、夜遅くになって攻撃命令を下すことになった。そのため、この件に関し「人事上極めて面倒なる事情を生じた」という[68]。

史料が不足しているため推測になるが、既述した「偵察に赴きし井上参謀長は途中負傷し、軍司令官に報告せすして帰宿繃帯中、軍司令官の知る所となり、大山将軍激怒叱責し、大本営に於ても参謀長更迭説を生するに至れり」とは恐らく、この時のことを指すのであろう。藤井が名を伏せた一班は軍参謀長井上光率いる一班であった可能性が高い。

この筆者の推測を裏付ける記述が公刊戦史にも存在する。「二十九日軍司令官は地形偵察を四区に分ち参謀将校をして各地区の偵察に従事せしめ、午後二時を期し仏爺頂に集合すへきことを命し之を派遣せり」として、軍参謀長井上光らの一行、軍参謀副長伊地知幸介らの一行、軍参謀神尾光臣らの一行、軍参謀藤井茂太らの一行が派遣されたとあり[69]、「大山軍司令官は既記の如く午後二時を期し仏爺頂に於て命令を下さんと欲し左縦隊司令官と共に同時同所に登りたるも、右縦隊司令官及軍参謀長一行来会せす、空しく山を下り〔中略〕軍司令官は孟家庄に帰りたり」とあるのがそれだ。この時、軍参謀長井上らの一行は、仏爺頂に向かったものの、風雪が激しく行進を続行した場合、日没の頃にならないと目的地に到着できないと考え「孟家庄」で大山と会合しようと考え「中途途を転して四時同地に達せしも、軍司令官未た帰著せさりし」という状況であったという[70]。

公刊戦史の記述は、藤井の回想や、新史料「日清戦役に於ける高等統帥の概観」にある偵察に赴いた井上が軍司令官に報告せずに帰宿したとの状況に酷似しており、藤井のいう「人事上極めて面倒なる事情を生じた」とは「日清戦役に於ける高等統帥の概観」にある軍参謀長井上光更迭説のことを意味するのであろう。

1月26日、山東作戦軍は軍司令官の部署に従い威海衛に向かって進軍を開始した。すなわち、黒木為楨率いる第六師団は右縦隊として海岸方面から前進し、摩天嶺を奪取して龍廟嘴、鹿角嘴、趙北嘴などの諸砲台を攻略し（101、106～107ページ参照）、1月31日には虎山温泉場に進んだ。佐久間左馬太率いる第二師団は左縦隊として山地方面を進んで鳳林集などの各地を占領し（87ページ参照）、2月2日には威海衛の北岸諸砲台を占領し、こうして山東作戦軍は威海衛を略取した。

山東作戦軍は威海衛の陸上側の諸砲台を占領したが、敵艦隊は日島および劉公島の砲台を恃んで港内にとどまり、山東作戦軍の占領下にある砲台を砲撃していた（91、104 ～ 105 ページ参照）。そこで山東作戦軍は、占領した敵砲台を修繕してこれを利用し敵艦に砲撃を実施しようと試みた。

一方、連合艦隊は威海衛港口にて敵艦および敵砲台を攻撃したが、雪のため作戦が思うように進捗せず、いったん栄城湾に退いて天候の回復を待って再度港口に赴き攻撃を開始した。この時、山東作戦軍は占領した海岸諸砲台の敵砲を利用し港内の敵艦を砲撃し（90 ページ参照）、連合艦隊も敵艦および敵砲台を砲撃したが、清軍も防戦に努め屈する気配がなかった。

そこで、威海衛港にある防材の間に航路があることを発見した連合艦隊は、２月５日水雷艇隊による夜襲を敢行し敵艦定遠の撃破に成功すると共に（126 ページ参照）、２月６日には来遠を転覆、威遠その他を沈没させることにも成功した（124 ページ参照）。

２月７日、敵水雷艇は脱出を試みたが、待ち受けていた連合艦隊の砲撃を受けその多くが破壊された。山東作戦軍も南岸砲台から威海衛港内を砲撃し、日島砲台の火薬庫および隠顕備砲を破壊、数日後には砲撃により敵艦靖遠を撃沈させた（81 ページ参照）。有力な艦船を喪失した北洋水師司令官の丁汝昌は、２月 12 日に降伏した。こうして、山東作戦軍および連合艦隊は、威海衛の占領に成功し、北洋水師の殲滅に成功したのである。

おわりに

東條英教「隔壁聴談」、藤井茂太『偕行叢書八　両戦役回顧談』および新史料である村上啓作「日清戦役に於ける高等統帥の概観」を基に第二軍による旅順攻略戦および威海衛攻略戦を再考察してきたが、従来全く指摘されていない点がいくつか判明した。

第二軍の上陸点選定をめぐり陸海軍間で意見の対立があり、意見対立の原因は連合艦隊のミスと怠慢にあったこと。さらに、上陸地点として選定された花園河口が揚陸地として不適当であったため、揚陸動作が遅緩することとなり、各部隊の行進予定が第二軍司令部による当初の予定の如く進捗しない結果が惹起したこと。

第二軍による旅順攻撃の際、主攻の攻撃点をめぐり、正面の二龍山および松樹山方面に向けるべきだと主張する第二軍参謀長井上光と、防備が比較的手薄な椅子山方面に向けるべきだと主張する第二軍司令官大山巌・第二軍参謀副長伊地知幸介との間で、激烈な論戦が展開され、「一時緊張したる場面を呈した」こと。

従来、「茫将」と評されることが多かった大山であるが、日清戦争では第二軍参謀長である井上光との関係が良好ではなく、旅順攻撃の作戦方針をめぐり井上と論戦を展開したり、威海衛攻撃の際には井上を激怒叱責したりするような激しい側面を大山が有していたこと。

従来、１日で陥落したため楽な戦闘かのように思われていた旅順口攻撃において、第二軍司令部では、重砲の故障もあって旅順正面の混成第十二旅団がいまにも撃退され、敵の逆襲があるのではと大いに憂慮していた際に、兵站主地である金州方面に敵の攻撃があり援軍を要請する旨の電報が入り、側背で敵と交戦し兵站主地を喪失する可能性に直面した参謀が顔色を失う事態となったが、大山が冷静な判断でこの窮境をうまく処理したこと。

山東方面における作戦では、①劣悪な道路事情と、②山東作戦軍が保有する運搬能力の不足が原因となって補給が続かず、軍司令官である大山巌ですら薩摩芋、稗、粟で飢えをしのぐありさまで体重を５貫も減らすなど、軍は兵站面で多大の困難に直面していたことなどである。

これまで指摘されてこなかった大山の積極的で激しい側面、および楽戦と思われていた旅順攻略戦や威海衛攻略戦で第二軍が直面していたさまざまな困難や摩擦は、歴史を一面的に見ただけで安易な評価を下すことの危険性を物語っているといえよう。

註

1　なお、以下、本稿で述べる日時や部隊の動向などの戦史的事実は、註記がない場合、参謀本部編『明治二十七八年日清戦史』（東京印刷株式会社、1904 ～ 1907 年）を参照した。

2　「作戦大方針」については、参謀本部編『明治二十七八年日清戦史』第一巻（東京印刷株式会社、1904 年）177 ～ 178 頁。

3　参謀本部編『明治二十七八年日清戦史』第一巻、179 ～ 180 頁。

4　本章の記述は、東條英教「隔壁聴談」（防衛省防衛研究所戦史研究センター所蔵）を参照した。
5　東條英教「隔壁聴談」。
6　原田敬一『戦争の日本史19　日清戦争』（吉川弘文館、2008年）140～141頁。
7　参謀本部編『明治二十七八年日清戦史』第三巻（東京印刷株式会社、1907年）9～10頁。
8　参謀本部編『明治二十七八年日清戦史』第三巻、10頁。
9　参謀本部編『明治二十七八年日清戦史』第三巻、12～13頁。
10　参謀本部編『明治二十七八年日清戦史』第三巻、13頁。
11　藤井茂太『偕行叢書八　両戦役回顧談』（偕行社、1936年）228頁。
12　参謀本部編『明治二十七八年日清戦史』第三巻、13頁。
13　藤井茂太『偕行叢書八　両戦役回顧談』229頁。
14　藤井茂太『偕行叢書八　両戦役回顧談』230頁。
15　藤井茂太『偕行叢書八　両戦役回顧談』230～231頁。
16　奥村房夫監修『近代日本戦争史　第一編　日清・日露戦争』（同台懇話会、1995年）215頁。
17　藤井茂太『偕行叢書八　両戦役回顧談』231頁。
18　参謀本部編『明治二十七八年日清戦史』第三巻、22～23頁。
19　藤井茂太『偕行叢書八　両戦役回顧談』232頁。
20　藤井茂太『偕行叢書八　両戦役回顧談』233～234頁。
21　東條英教「隔壁聴談」。
22　参謀本部編『明治二十七八年日清戦史』第三巻、255～256頁、附録第55～56。
23　東條英教「隔壁聴談」。
24　参謀本部編『明治二十七八年日清戦史』第三巻、115～117頁。
25　藤井茂太『偕行叢書八　両戦役回顧談』244～245頁。
26　藤井茂太『偕行叢書八　両戦役回顧談』251頁。
27　藤井茂太『偕行叢書八　両戦役回顧談』245、253～254頁。
28　藤井茂太『偕行叢書八　両戦役回顧談』251～252頁。
29　藤井茂太『偕行叢書八　両戦役回顧談』254頁。
30　藤井茂太『偕行叢書八　両戦役回顧談』252～253頁。
31　藤井茂太『偕行叢書八　両戦役回顧談』254、265頁。
32　藤井茂太『偕行叢書八　両戦役回顧談』245頁。
33　藤井茂太『偕行叢書八　両戦役回顧談』245～246頁。
34　村上少将［村上啓作］「日清戦役に於ける高等統帥の概観」5丁表（「日露戦史　統帥　第五巻　奉天会戦」、防衛省防衛研究所戦史研究センター所蔵）。
35　村上少将［村上啓作］「日清戦役に於ける高等統帥の概観」5丁表～裏。
36　半藤一利・原剛・横山恵一・秦郁彦『歴代陸軍大将全覧　明治篇』（中央公論新社、2009年）90頁。
37　修正説の立場に、長南政義「日本の活国宝　大山巌」ゲームジャーナル編『坂の上の雲5つの疑問』（並木書房、2011年）184～188頁がある。
38　藤井茂太『偕行叢書八　両戦役回顧談』253頁。
39　藤井茂太『偕行叢書八　両戦役回顧談』246～247頁。
40　藤井茂太『偕行叢書八　両戦役回顧談』250頁。参謀本部編『明治二十七八年日清戦史』第三巻、262頁。
41　参謀本部編『明治二十七八年日清戦史』第三巻、173頁。
42　藤井茂太『偕行叢書八　両戦役回顧談』250頁。
43　藤井茂太『偕行叢書八　両戦役回顧談』241頁。
44　藤井茂太『偕行叢書八　両戦役回顧談』260頁。
45　藤井茂太『偕行叢書八　両戦役回顧談』259～260頁。
46　藤井茂太『偕行叢書八　両戦役回顧談』260～261頁。
47　藤井茂太『偕行叢書八　両戦役回顧談』261頁。
48　イアン・ハミルトン『日露戦争戦記文学シリーズ（三）　思ひ出の日露戦争』（雄山閣、2011年）20頁。
49　カール・フォン・クラウゼヴィッツ『戦争論　レクラム版』（芙蓉書房出版、2001年）97～101頁。
50　藤井茂太『偕行叢書八　両戦役回顧談』254頁。
51　参謀本部編『明治二十七八年日清戦史』第三巻、117頁。
52　藤井茂太『偕行叢書八　両戦役回顧談』254頁。
53　藤井茂太『偕行叢書八　両戦役回顧談』255頁。
54　藤井茂太『偕行叢書八　両戦役回顧談』258～259頁。
55　藤井茂太『偕行叢書八　両戦役回顧談』248頁。
56　以上、本節の記述は、東條英教「隔壁聴談」。
57　藤井茂太『偕行叢書八　両戦役回顧談』277～283頁。
58　藤井茂太『偕行叢書八　両戦役回顧談』289頁。
59　藤井茂太『偕行叢書八　両戦役回顧談』289頁。
60　藤井茂太『偕行叢書八　両戦役回顧談』289～290頁。
61　藤井茂太『偕行叢書八　両戦役回顧談』291～292頁。
62　藤井茂太『偕行叢書八　両戦役回顧談』291頁。
63　大山柏『金星の追憶　回顧八十年』（鳳書房、1989年）145～146頁。
64　大山柏『金星の追憶　回顧八十年』144～145頁。
65　尾野実信編『元帥公爵大山巌』（大山元帥伝刊行所、1935年）584頁。
66　藤井茂太『偕行叢書八　両戦役回顧談』266頁。
67　奥村房夫監修『近代日本戦争史　第一編　日清・日露戦争』224頁。
68　藤井茂太『偕行叢書八　両戦役回顧談』292～293頁。
69　参謀本部編『明治二十七八年日清戦史』第六巻（東京印刷株式会社、1907年）62～63頁。
70　参謀本部編『明治二十七八年日清戦史』第六巻、72～73頁。

『日清戦況写真』を作製した玄鹿館について

8代目・鹿島清兵衛
（島岡宗次郎編『月乃鏡』〈桑田商会、大正５年〉より）

森重和雄（古写真研究家・作家）

『日清戦況写真』を作製した「玄鹿館」とは、どういうところかといえば、まずは“写真大尽”とよばれた８代目・鹿島清兵衛とその実弟・鹿島清三郎について語ることから始めなければならない。

８代目・鹿島清兵衛は、慶応２年（1866）大坂天満の旧家で醸造酒業の鹿島清右衛門の次男として生まれ、幼名は政之助。天満鹿島没落により、４歳の時に江戸・東京新川（現在の中央区新川１丁目23番地４号～17号）の酒問屋で親族の７代目・鹿島清兵衛に引き取られ、成人して後の、明治15年（1882）頃に鹿島清兵衛の長女の乃《の》婦《ぶ》と結婚し、８代目・鹿島清兵衛となった。

その後これを契機として、大坂天満の鹿島一族の生活の面倒を見るため、多額の金が、江戸・東京から大坂天満に仕送りされることとなり、これが後に「俺は、仕送りのための人質か」と、８代目・鹿島清兵衛の心を苦しめることとなった。

８代目・鹿島清兵衛が写真機と出会ったきっかけは、先代の７代目が、何かの際に手に入れ、蔵の奥に放り込んで埃まみれとなっていた写真機を偶然に見つけたことからだという。それは明治20年（1887）の初めの頃で、８代目・鹿島清兵衛が、最愛の長男・政之助をわずか５歳で亡くし、また江戸から東京へと全てが変わる世の中で、養子の身で今までの古い伝統に生きる酒問屋「鹿島屋」を守るという重責もあり、精神的にも大変な時期が続いていた時のことであった。

この当時、写真機を手に出来た者は、営業写真館の写真師以外では、現在とは違い一部の政財界の家族たちなどで、仲間内の趣味として写真を撮るといった程度のことに使われ、写真機のみならずそれで写した写真の現像、定着、焼き付けなどには大変な金が掛かり、今日のように一般庶民が簡単に扱えるものではなかった。

しかし、８代目・鹿島清兵衛はこの写真機に興味を覚え、明治22年（1889）秋に創立された「日本写真会」に早速入会することにした。しかもその年の年末には、「日本写真会」の副会長兼会計担当となり、また、地方支部担当にまで選出されている。

当初、８代目・鹿島清兵衛は、内田九一の弟子・今津正二郎（松林堂）に就いて写真術を学び、またこの「日本写真会」で、特に写真についての理論面・技術面に関して、清兵衛に事細かに指導をしたのが、明治20年（1887）31歳の時に来日したイギリス人の“お雇い外国人”ウィリアム・K・バルトン博士であった。

バルトン博士は、東京の帝国大学（現・東京大学）で 衛生工学を教えて、数多くの日本人後継技術者を育てる一方、国内の二十四都市で水道、下水道の調査、計画、助言などの活動をし、「日本の公衆衛生の父」と呼ばれる人物である。

また、こうした専門分野だけでなく、写真の大家として日本の写真史にも大きな足跡を残し、東京浅草に建造された日本最初の高層建築「凌雲閣」（浅草十二階、写真師・江崎礼二社長）の設計者でもある。

このバルトン博士が、８代目・鹿島清兵衛に応え、写真についての総ての知識・技術などを指導、伝授した。これがきっかけとなったのか、８代目・鹿島清兵衛は家業を妻の乃婦と使用人たちに任せて、どんどん写真にのめり込んで行く。

最初は、所詮、金持ちの道楽ということであろう、芸者や贔屓の役者、幇間なども引きつれて、日本各地に撮影旅行に行き、遊び歩いていたこともあったが、やがて当時の技術では不可能といわれた大型の写真の作成にも挑戦するようになっていった。

こうなるともう留まることを知らないように、８代目・鹿島清兵衛は写真にその費用をつぎこんで行く。

9代目団十郎の由良之助（東京玄鹿館撮影）
（東京朝日新聞社編『アサヒグラフ臨時増刊　寫眞百年祭記念號』
〈東京朝日新聞社、大正14年〔1925〕〉より）

この頃の話として、京都の写真材料商・桑田正三郎が残した島岡宗次郎編『月乃鏡』（桑田商会、大正5年）において、「嘗て乾板臭素紙ピーオーピー紙の未だ多く世に知られざる時に於て既に師（註：バルトン博士のこと）の手を経て之れを輸入し、自ら得たる所を広く各地の営業者に紹介して具さに之らが使用法を実験指示し以て之れが使用を奨励し、常に漸新の器械を手にして模範的印画を作り、最新の材料を分ちて他の研究に資し、写真応用の美術品を作成して之れを流布し、人を海外に派して写真術を研究せしめ或は写真展覧会を開き或は宴を催して営業家及び同好者を招き、以て談話を交へ以て研究を重ねて斯術の発達を計り、又其師及び小川一真氏と與に乾板製造に投資する等斯界に貢献する所甚だ大なり。」と評されている。

この頃、弟の清三郎は6年間、英仏で写真技術を研究し、帰国している。

明治28年（1895）、帰国した弟の清三郎のためでもあろうが、8代目・鹿島清兵衛が設けた写場が東京木挽町（当時の京橋区築地1丁目25番地、今の銀座6丁目界隈）の「玄鹿館」である。しかもこの「玄鹿館」は東京のみならず京都円山にも京都支店玄鹿館を開業してしまった。

かくして8代目・鹿島清兵衛は、後に“写真大尽”と呼ばれ、後世に名を残すこととなったのである。

「玄鹿館」については、国文学者・松田存の「能の笛方鹿島清兵衛をめぐる人々——名妓ぽん太と近代文学者の接点——」にも簡単に紹介されており、これによれば、

「清兵衛の弟清三郎もその影響から大変な写真道楽だったらしく、清兵衛と京橋木挽町の大写場玄鹿館を開設、当時としては珍しい洋楽の演奏によるオープニング・パーティーをやったとも伝えられている。

間口十間、奥行十五間の建坪百五十坪という劇場なみの写場で回り舞台になっていて客を待たせない仕掛けだったという。そのうえ夜は二千五百燭光の電燈で撮影、芝居小屋から大道具・小道具・衣装係を雇い、背景や扮装まで専門家だったらしいし、外国人（註：外国人客のこと）には通訳も雇い、そこへ新橋や柳橋などの藝者や件《くだん》の市川一門の役者などがやって来て毎日酒宴が始まるといった案配。こんなことが長続きするわけはなく、関西旅行では当時の金で五万円の借金、これは小西六（註：小西六とは後の小西六写真工業（株）〈現・コニカ〉のこと）が清算したというが、当の鹿島屋では親族会議の末に、縁切りとするが、その時の手切金が二十五万円だったと云われている。その後、清兵衛はマグネシウム——フラッシュ——で大火傷を負い、明治三十二年には玄鹿館もつぶれてしまう。

玄鹿館は、このような写場だけではなく出版もし、アイヌの日常を記録した『AINU of Japan』『The War between Japan and China』という英文解説の写真集を出したり、バルトン（工科大学教授）著・石川巖訳『写真新書』（定価七十五銭）も出版して居り、日本の写真史に残した功蹟は少なくないといえよう。」ということである。

さて、今回の『日清戦況写真』は、この「玄鹿館」に於いて、明治28年（1895）から明治32年（1899）の、わずか4年の間に作製されたことがこれで判る。

このアルバムには、明治27年（1894）から明治28年（1895）までの日清戦争についての戦争実況場面と清朝の風景写真が掲載されていることから、さらに絞り込めば、おそらく明治29年（1896）から明治32年（1899）の間に製作されたと考えられる。「玄鹿館」が費用を掛けてこのようなすばらしい写真アルバムを製作したことに

鹿島清兵衛とぽん太こと恵津夫妻
明治 32 年（1899）京都で写す
清兵衛を叔父とする桃山晴衣の父、
鹿島大治が長谷川伸に提供した貴重な写真

は驚きを禁じえない。

新橋花柳界一の美貌といわれた芸妓ぽん太（谷田恵津《えつ》）は、17 歳で 8 代目・鹿島清兵衛に落籍され妾となり、後年、本妻となっている。

8 代目・鹿島清兵衛は、後に鹿島家から除籍され没落したが、趣味であった笛を深め、「三木如月」の名で、梅若流笛方となった。しかし、大正 12 年（1923）10 月 10 日、関東大震災後の吹きさらしの能舞台へ、体調不良のなか無理をして出演し、それが元で帰らぬ人となる。享年 58 歳。

大正 14 年（1925）4 月 22 日、清兵衛の後を追うように、8 代目・鹿島清兵衛と最後まで連れ添ったぽん太（恵津）も 45 歳で他界している。

写真原本関係参考資料

『江戸買物獨案内』（文政 7 年〈1824〉）

バルトン著・石川巌訳『写真新書』（東京玄鹿館、明治 28 年〈1895〉2 月）

市川団十郎（元祖）著、市川団十郎（9 世）・河竹新七（3 世）補、福地桜痴校、歌舞伎新報社編『暫　歌舞伎十八番之内　鶴ケ岡社内の場』（東京玄鹿館、明治 28 年〈1895〉11 月）

『英照皇太后陛下御大葬写真帖』（東京玄鹿館、明治 30 年〈1897〉5 月）

鹿島清三郎編『The Ainu of Japan』（東京玄鹿館、明治 30 年〈1897〉）

長崎大学附属図書館蔵『鹿島清兵衛撮影　写真アルバム』（東京玄鹿館、アルバム作成年不明）

放送大学附属図書館蔵『鹿島清兵衛撮影写真　琴の演奏（新橋芸妓ぽんた）』（東京玄鹿館、アルバム作成年不明）

鹿島清兵衛編『花』（私家本、明治 34 年〈1901〉）

写真史関係参考資料

東京朝日新聞社編『アサヒグラフ臨時増刊　寫眞百年祭記念號』（東京朝日新聞社、大正 14 年〈1925〉）

菊地東陽先生伝記編纂会編『菊地東陽伝　オリエンタル写真工業の祖』（菊地東陽先生伝記編纂会、昭和 16 年〈1941〉）

梅本貞雄・小林秀二郎編『日本寫眞界の物故功勞者顯彰錄』（日本寫眞協會、昭和 27 年〈1952〉）

田中雅夫『写真 130 年史』（ダヴィッド社、昭和 45 年〈1970〉）

小西六写真工業社史編纂室編『写真とともに百年』（小西六写真工業株式会社、昭和 48 年〈1973〉）

伊藤逸平『日本写真発達史』（朝日ソノラマ、昭和 50 年〈1975〉）

日本写真協会編『日本写真史年表　1778-1975. 9』（講談社、昭和 51 年〈1976〉）

松本徳彦「文明開化のなかの写真」（『日本写真全集 1　写真の幕あけ』小学館、昭和 60 年〈1985〉所収、明治 28 年〈1895〉の東京木挽町鹿島清兵衛経営の写真館「玄鹿館」の広告には「手札六枚一組一円五十銭、カビネ三円、四切八円」とある。）

小沢健志・酒井修一監修『日本写真文化協会創立 40 周年記念　写真館のあゆみ――日本営業写真史――』（財団法人日本写真文化協会、平成元年〈1989〉）

飯沢耕太郎『「〝写真大尽〟といわれた男――鹿島清兵衛」について秘蔵の写真とともに』（新潮社、『芸術新潮』〈平成 2 年〔1990〕4 月号〉所収）

暫　歌舞伎十八番之内　鶴ケ岡社内の場
（市川団十郎〈元祖〉著、市川団十郎〈９世〉、河竹新七〈３世〉補、福地桜痴校、
歌舞伎新報社編『暫　歌舞伎十八番之内　鶴ケ岡社内の場』（東京玄鹿館、明治 28 年 11 月）より）

戸板康二『ぜいたく列伝』（文藝春秋、平成 4 年〈1992〉）

井上光郎『写真事件帖――明治・大正・昭和』（朝日ソノラマ、平成 5 年〈1993〉）

小沢健志『幕末　写真の時代』（筑摩書房、平成 6 年〈1994〉、ちくま学芸文庫、平成 8 年〈1996〉）

石黒敬章『幕末・明治のおもしろ写真』（コロナ・ブックス 16、平凡社、平成 8 年〈1996〉）

小沢健志『幕末・明治の写真』（ちくま学芸文庫、平成 9 年〈1997〉）

井桜直美著、トーリン・ボイド（英文）、日本カメラ博物館監修『セピア色の肖像　幕末明治名刺判写真コレクション』（朝日ソノラマ、平成 12 年〈2000〉）

東京都写真美術館監修・編『日本の写真家　近代写真史を彩った人と伝記・作品集目録』（日外アソシエーツ社、平成 17 年〈2005〉）

東京都写真美術館編『夜明けまえ　知られざる日本写真開拓史 1（関東編研究報告）』（東京都写真美術館、平成 19 年〈2007〉）

飯沢耕太郎編『日本の写真家 101』（新書館、平成 20 年〈2008〉）

小沢健志『幕末　写真の時代　第二版』（筑摩書房、平成 22 年〈2010〉）

鹿島清兵衛関係参考資料

『歌舞伎新報』第 1649 号（歌舞伎新報社、明治 29 年〈1896〉8 月 7 日発行、依田学海『百物語』所収）

『中央公論』（明治 44 年〈1911〉10 月、『百物語』所収）

島岡宗次郎編『月乃鏡』（桑田商会、大正 5 年〈1916〉）

池内信嘉『能楽盛衰記　下』（春秋社、大正 15 年〈1926〉）

河竹繁敏・柳田泉編『坪内逍遙』（冨山房、昭和 14 年〈1939〉）

大江素天『寫眞太平記』（朝日新聞社、昭和 14 年〈1939〉）

成澤玲川『音と影』（三省堂、昭和 15 年〈1940〉）

長谷川伸『素材素話』（青蛙房、昭和 31 年〈1956〉）

安田武「桃山晴慧論」（『思想の科学』昭和 38 年〈1963〉2 月号所収）

森鷗外『山椒大夫・高瀬舟』（新潮文庫、新潮社、昭和 43 年〈1968〉、『百物語』所収）

渋川驍「『百物語』と鹿島清兵衛」（森鷗外記念会、森鷗外五十回忌記念特集『鷗外』、昭和 46 年〈1971〉所収）

森銑三「『百物語』余聞」（『歴史と文学』、昭和 46 年〈1971〉4 月所収）

森銑三『明治人物夜話』（東京美術、昭和 44 年〈1969〉、講談社文庫、昭和 48 年〈1973〉、小出昌洋編・解説で岩波文庫、平成 13 年〈2001〉、中公文庫、平成 19 年〈2007〉）

長谷川伸『長谷川伸全集 11』（朝日新聞社、昭和 47 年〈1972〉、『素材素話』所収）

素面の会編『素面《すめん》 63』（素面の会、昭和 51 年〈1976〉、野尻抱影『河庄』所収）

村尾栄一郎『古書のほそみち』（芸林荘、昭和 60 年〈1985〉）

清田文武「『傍観者』に付き従う女性――鷗外作品中の太郎と品――」（『新潟大学教育学部紀要』第 26 巻 2 号、昭和 60 年〈1985〉所収）

逍遥協会編『坪内逍遥事典』（平凡社、昭和 61 年〈1986〉）

桃山晴衣『恋ひ恋ひて・うた三弦』（筑摩書房、昭和 61 年〈1986〉）

松田存「能の笛方鹿島清兵衛をめぐる人々――名妓ぽん太と近代文学者の接点――」（『欅』第 11 号、昭和 62 年〈1987〉11 月、『近代文学と能楽』（朝文社、平成 3 年

〈1991〉に収録）
白洲正子『遊鬼――わが師わが友』（新潮社、平成元年〈1989〉）
木下直之『美術という見世物』（平凡社、平成5年〈1993〉）
八重野充弘『秘録・埋蔵金を発見した』（KKベストセラーズ、平成5年〈1993〉）
三善貞司編『大阪人物辞典』（清文堂出版、平成12年〈2000〉）
紀田順一郎『カネが邪魔でしょうがない――明治大正・成金列伝』（新潮選書、新潮社、平成17年〈2005〉）
村島彩加　歌舞伎学会　口頭発表「『歌舞伎新報』と演劇写真――玄鹿館の時代――」（平成19年〈2007〉）
村島彩加「『歌舞伎新報』と演劇写真――玄鹿館の時代――」（『文学研究論集28』、平成20年〈2008〉所収）
望月由隆『新川物語――酒問屋の盛衰――』（文藝春秋企画出版部、平成22年〈2010〉）
東京都写真美術館編『肖像　ポートレイト写真の180年』（講談社、平成22年〈2010〉）
村島彩加　日本演劇学会全国大会　口頭発表「日本における演劇写真の発展――幕末から明治40年代まで――」（平成22年〈2010〉）

その他
斎藤茂吉『歌集あらたま』（春陽堂、大正3年〈1914〉）
斎藤茂吉「三筋町界隈」（『斎藤茂吉随筆集』岩波文庫、岩波書店、1986年〈昭和61〉10月所収、初出『文藝春秋』〈昭和12年〔1937〕1月号〉）
今市正義・原三正『日本放射線技術史考1　本邦におけるX線の初期実験』（日本科学史学会編『科学史研究16』昭和25年〈1950〉10月所収）
岩波書店編『斎藤茂吉選集　第十一巻』（岩波書店、昭和56年〈1981〉）
倉田喜弘編『『明治の演芸』（六）』（国立劇場芸能調査室、昭和60年〈1885〉）
斎藤茂吉著、阿川弘之・北杜夫編『斎藤茂吉随想集』（岩波文庫、岩波書店、平成15年〈2003〉）

番付『東京持丸鑑』（明治10年〈1877〉、36.5 × 25cm）「大関シン川鹿島清兵衛」と記載されている。

『毎日新聞』（明治28年〈1895〉3月5日付記事）
「征清軍の起りし以来、府下写真師の家は朝より夕に至る迄非常の雑沓にして或は兵士の自ら撮影して親戚故旧の許に贈るあり、或は親戚故旧の特に従軍者を同伴して写真するあり、之れが為めに九段坂の鈴木真一、新し橋の丸木利陽、三崎町の小川一真、浅草の江崎礼二、神田と芝の江木兄弟、木挽町の玄鹿館を首とし大小写真舗は皆時ならぬ利益を得るより中には値上げしたる所なんどもありと云ふ。」

『都新聞』（明治28年〈1895〉7月21日付記事）
「写真術を各種の美術品に応用することに妙を得たる京橋区木挽町五丁目の玄鹿館にては今回美術品陳列場落成したるを以て去る十八日盛なる開業式を行ひたり。当日の来客は写真品評会会長徳川侯爵を始め二条、近衛、亀井、有馬、長谷部の諸華族並に陸軍将校其の他紳士五十余名にして、先づ美術品より写真場、印刷場、其の他諸工場を一覧したる後、最高楼運動場にて一同記念のために撮影し、それより築地柳花苑に於て酒食の饗応あり。余興には金朝、円左の落語、伯知の講談あり、夫より後幕を切て落すや一面の舞台となり、出語りにて囲洲の娘実子、扶貴子が鏡獅子を演じ、次に新曲「柳花苑」あり、次に勧進帳最後に新橋拍子の「鶴亀」ありしが、何れもピアノ、オルガン、バイオリン、笛、三味線の合奏なれば其面白さ云はん方なく来賓一同歓を尽して散会せし由。」

『読売新聞』（明治28年〈1895〉8月31日付記事）
「日清戦争ジヲラマ　今度仏人某が本邦へ持来りし日清戦争の油絵は合計七枚にて、戦役に従事せし我軍人の確認を経たる上、世界各国へ見世物として持廻はる由なるが、目下虎の門内なる旧工部大学校内を借受けて同所に陳列し、頻りに修飾を加へ、近々二崎町の原にジフラマとして興行するといふ。（中略）一枚の絵巾四間、竪二間程の大きさなるが、彩色筆勢両《ふた》つながら見るべきものありと。又彼の玄鹿館にては一昨日右の絵画を残らず撮影したる由」

『東京朝日』（明治29年〈1896〉3月19日付記事）

「ぽん太離間策　もとの新橋唄ひ女、玉の屋ぽん太が穿ける足駄もて造りし笛には鹿島旦那もよる昼分かず浮かれ出し、待合正月の月の夕に万金を惜まぬ栄耀の身には花屋の春の眺を価千金とは小せい譬へと、玄鹿館の楼に脂下り、終に三千円といふ金を列べてぽん太を落籍させ、築地の妾宅へ囲つて置き、自分は黄八丈のどてらを羽織つて大きなたは言を吐いて居ると、親御殿が何時か聞知り如何音羽屋が舞台の上に本物の猿を遣ふ世なればとて本物の美術品まで仕入られては先祖から伝へ来りし此店までが不安心だと、親類会議を開いた末が古風ながら久離切つて勘当と云ふ事になり、哀れや昨日までは飛ぶ鳥の鷹をも落したる鹿島旦那も、山門から落た五右衛門同様、頼つて行くべき親類もなく、ぽん太と共に築地の隠れ家に当分逼塞の身となつたを三田御前が仄かに聞知りて、予ねてぽん太の為めには種々に浮身をやつし、よし巡礼になつてなりとぽん太の所在を探し出し何時かは手活の花の眺麗かに余生を楽しまうと待構へて居た所なれば、此機失ふべからずと御詠歌の岸打つ波程満々たる智恵を働かせ、同行二人の忍びを入れて、ぽん太の心を変ぜしむる為、夫れとはなしの当こすり、如何に海程かい乾せぬ大きな身代なればとて元の雫となりては乾上り勝の古川や金の湯水は尽るともなど道楽の種は尽まじと頻りに諷して居るといふが夫れと知つたら鹿島の旦那は何が何とて睨み返すや如何と書いた所へバタバタにて注進あり、仔細如何にと尋ねるとさん候ふ鹿島とぽん太は改めて婚礼致す趣にて此浦船に帆を巻上げ、住の江さして漕出さんと用意にかゝる折しもあれ弥次馬の鞍置いて現れ出でたる我武者共見掛けた山の外れより天にも響く大音声、ヤア清兵衛のうつけ者子供まである鹿島家の貞婦に離縁を望まれながら無明の夢の未だ覚めず、ぽん太と夫婦の披露目とは聞くも中々穢らはしき者共、風上に廻れ廻れと悔しん坊の悪口も空耳潰す清兵衛が相に相生の松影に、陣所を構へて控へたり。御油断あるな三田の御前、軈て披露目の日取りが極らば重ねて注進仕つらん、方々然らば。

『万朝報』（大正8年〈1919〉5月10日付記事）

「旧江戸からの酒問屋　有名な新川の鹿島本店＝灘五郷の銘酒と昔の新酒一番船

灘五郷は日本随一の酒造地、そして其処から新酒が東京へ来るのは毎年五月を例として居る。今も昔も新酒の入荷と云へば相も変らずなかなか盛んなものだが、殊に交通不便だつた昔は非常な大騒ぎをしたものだつた。先づ灘の酒造家は各の家号をその儘船名として、積出前には親船（千石積）が西ノ宮あたりに船纜をする壮観、何十艘となくズラリ並んだ親船へ、戦争の様に忙しく新酒の樽を積込むと陸からの合図で一整に抜錨して、風を帆に孕ませ寸刻を争うて走り出す。と同時に陸からは早飛脚を打つて江戸は豊海橋の井上と云ふ積問屋へ知らせる。船は船首に高櫓を築きて笛と太皷で勇気を鼓舞し、積問屋では早飛脚の知らせと共に若い衆始め一同の者が足袋跣足で、赤い法被に黒天鵞絨の襟背と襟には屋号を現し下には派手な友染を着て、鉢巻をキリヽとして夜昼の別なく今か今かと船の着くのを待つて居る、積問屋では常杭の処に笹竹に高張を釣つて立てて置き、品川には見張りを置いて一番船を待つ、そして一番船がつくと荷船に元気の好い若い衆が乗つて荷分けに行く。何でも其年の一番船は一年中仲仕の荷役に先取特権を得て、それ丈け多く灘と江戸の間を往復出来る訳、斯くして問屋の手に渡ると問屋の若衆がソラ一ソラ一と景気をつけて得意先を廻つたもの荷を市中に配るにも霊岸橋下湊川に荷分舟を併べ、一声の合図で寸刻を争つて荷を運んだ。これは江戸時代の新酒の着く前後の情景であるが、京橋区北新川の鹿島本店はさうした時代から灘の一流の品のみを扱つて、新川で鳴らしたものであつた。鹿島家は摂津多田村の出で祖先は多田満仲、中興の祖鹿島清兵衛氏の時に始めて江戸に酒店を開いたのである。爾来数百年江戸草分の店舗として、灘の清酒褒紋正宗、菊花紋正宗、日本正宗、三福正宗、鶴大本家正宗、菊水紋正宗其他数十の銘酒を取扱ひ、過去現代を通じて第一流の問屋として盛名を擅にして居る先々代清兵衛氏の一女であるのぶ子女史の如き女丈夫が出て、先代隠居の後を繊弱き婦人の手一つで経営した事など、実に近世の美譚として伝へるにたるものがあつた、のぶ子女史は遂に本春天寿を全うして不帰の客となつたが、其の養子清平氏鹿島清左衛門氏令弟が其後を承け、永い歴史と不抜の信用をして益す光輝あらしむべく努力して居る。兎に角鹿島家は江戸時代から町人として非常な勢力のあつたもので、其の権識のある事は実に罕に見る処の生活振りの如きも一風変つた権威を示して居たと云はれて居る。また封建時代の空気が抜けやらぬ明治七年に京浜間の汽車開通祝賀会の時などは江戸の町人を代表して先々代が政府から招待を受けた事に見ても、其の間の消息はよく判る。今でも同家の売場の混雑な中にも、主人の権威は四方を払ふの概があり、旧家として豪商としての格式が如何にも鮮かに認められる。」

陸地測量部写真班の日清戦争

川﨑華菜（中央大学大学院博士後期課程）

『日清戦況写真』に収録された写真には、それぞれの写真が何を撮影したものかを説明するタイトルと日付、撮影者が記載されている。そこにはいずれも「従軍写真班撮影」と記されていることがわかるだろう。従軍写真班とは、日清戦争へ派遣された陸軍参謀本部陸地測量部員によって構成された陸軍の撮影部隊である。陸地測量部は、国内外の地理、地形などを測量し、それに基づいて地図を作成・管理する機関であった。

日清戦争へ従軍した写真家は何人もいるが、ここでは『日清戦況写真』収録の写真を撮影した陸地測量部写真班にスポットを当て、彼らにとっての日清戦争を追及してみたい（なお、その他の写真家については檜山幸夫［1997］、井上祐子［2012］などに詳しい）。

＊本文中引用史料の句読点、振り仮名及び［　］中の追記は執筆者による。
＊刊行物は年代を限らず『　』で表記する。
＊本文内の参考文献は、原則、著者（編者）［出版年］で表記した。文末の参考文献を参照されたい。

大正10年（1921）10月、「日本工兵の父」と評される上原勇作は、陸地測量部の活動・沿革の記録として編纂された『陸地測量部沿革誌』（大正10年、以下、『沿革誌』）の「叙」において次のように記している。

夫レ地経ノ国家ニ於ケル、文武ノ諸政、之ニ拠ラサルモノ殆《ほとん》ト鮮《すくな》シ、故ニ其善不善ハ、直ニ以テ一国文明ノ程度ヲ知ルヘシ。

第二次西園寺公望内閣の陸軍大臣であった上原は、これを記した時は作戦立案を行う参謀総長という立場にあった。近代戦争における作戦立案には、戦闘地域の地図は必要不可欠である。また、それに限らず、租税徴収や都市建設、鉄道敷設、沿岸整備など、近代国家の建設においても精緻な地図が基礎的要件であったことは上原の言をまたない。

陸地測量部の淵源となるのは、明治4年（1871）に設置された兵部省参謀局の間諜隊である。そこでは、地理の偵察、地図の作成を平時の任務としていた。翌5年、兵部省を廃し、陸海軍省が開設されると、参謀局は陸軍省の一局へと置かれた。『沿革誌』によると、明治7年、局内に地図政誌を担当する第5課、測量を担当する第6課が設けられ、その第5課には3名の写真師がいたとしている（詳細は不明）。その後、幾度か組織改編が行われるが、写真業務を行っていたのは主に第5課であった。

第5課では製図、印刷、写真などの業務や兵史類の収集・編纂、地図文書などの修正・複製を行っていた。実際の数は定かではないが、明治9年には地図62部449枚、写真6種678枚、同10年には地図2043枚、写真786枚を製し、また、同11年には第5課を地図課、第6課を測量課と改称、地図課は、西南戦争においては模写図、新縮図など248枚と2000有余の写真を調製したと記されている。明治17年には参謀本部条例を改正し、地図課・測量課を統合、新たに測量局が設置された。測量局内には、三角測量、地形測量、地図の3課が設けられ、そのなかにさらに班を配した。ここでもやはり写真業務は地図課が担当し、3名の写真手がいたとされる。

「地形測量に依て製出したる原図に基き、内国図を編纂調製し、且其の図を格護し、其の他外邦図及諸兵要地図画図を調製するの作業を管掌」することが地図課の職務であり（「測量局服務概則」第6条）、そのなかで写真業務は第2班が担当していた。写真の用途については、「地図課服務概則」第4条に「第二班ハ内国図ノ修正諸図ノ印刷並ニ写真及ヒ電気術上ノ製図其ノ他総テ印刷ニ関スル学術ノ調査ヲ掌ル」こと、また、第9条に「二万分一図ハ兵事若クハ其ノ他ノ所要ニ応シ、本部長ノ命ニ因テ石版或ハ銅版ニ上刻シ、而シテ其ノ他ノ原測図ハ写真ヲ以テ模範図ノミヲ製シ原測図ト異別ノ図室ニ之ヲ収蔵スルヲ例トス」とあるように、主に地図作成の副次的作業として印刷・製版に用いられていたことがわかる。さらに、「普通写真」と呼ばれる陸軍の写真撮影機関としての役割も果たし、大演習や実践での撮影業務を行っていた（三木理史［2007］）。

測量局が参謀本部から分離し、陸軍大臣の管轄する陸地測量部となったのは明治21年（1888）であった。同年5月12日「陸地測量部条例」が公布され、翌年、陸地測量官官制、陸地測量官任用規則が定められ、同23年には新築の写真場が竣工する。同年3月、敵の本土上陸を想定した陸海軍連合大演習が愛知県武豊において挙行されるに際し、陸地測量部は写真手及び亜鉛版印刷手若干名を大本営に附属させ演習に参加した。これが陸地測量部の大演習参加の端緒となる。さらに同25年、宇都宮での陸軍特別大演習においても写真班を編成し参加した。こうした演習への参加が、有時の際に陸地測量部が写真班を組織して従軍することを企図して行われていたことは言うまでもない。

明治27年（1894）8月1日、長年続いた日本と清国の対立は、ついに正式な両国の軍事的衝突に至った。開戦が達せられると、陸地測量部の派遣も間近に感じられた。しかし、その後、派遣命令はなかなか出なかった。写真班をひきいて日清戦争へ従軍した陸地測量部歩兵中尉・外谷鉦次郎《そとやしょうじろう》は、この時のことを次のように語っている。

> 客年征清の大詔ありし以来、陸軍測量部に於ては今回の戦争には是非規模稍《やや》大にして完全なる一の写真部を組織して派遣せられんことを稟申せられ、既に其一部を第一軍に附属して韓地に差遣せられんとしたり。然るに其筋の御都合もあり、且つ当時は未だ開戦の初期にして戦列員の外には種々なる附属員を派遣せらる、ことを許されさりし。故に折角の組織計画も殆んと画餅に属したる有様にて、当時一同の落胆は実に名状すべからざる次第なりし。（『写真新報』第69号、「写真班従軍事情」）

開戦をうけ、陸地測量部はすぐさま写真班を組織し、第一軍とともに派遣されることを希望する旨を稟申するが、初期の段階において直接戦闘を行わない測量部員を派遣することは認められなかった。これに測量部員たちは落胆の色を隠せなかった。

しかし、戦況が進むにつれ、徐々に写真班の派遣は実現にむけて動きだしていく。9月8日、測量部長・藤井包總《かねすけ》らが参謀本部副官部御用取扱兼務を命じられた。同月21日に策定された「従軍写真班服務心得」の立案と無関係ではないだろう。外谷は「突然在広島の大本営より、写真班は其人員十名以内を限り先づ広島へ派遣すべしとの電報に接」したという。そこから速やかに必要な道具を準備し、広島へ急行、同日、外谷以下9名による従軍写真班が編成され第二軍司令部に所属し（ただし定員外）、派遣されることが達せられた。写真班の構成は、外谷の他、小倉検司・村山維精技手、雇員である田淵・江沼に運搬のための人員4名であった（撮影の中心をになった小倉については、小沢健志編［2001］および井上祐子［2012］に詳しい）。

写真班が派遣されたのは、第二軍の二次輸送の時だった。10月23日広島県・宇品《うじな》港を出帆し、28日花園口《かえんこう》（盛京省、奉天省を経て現在・遼寧省）に上陸した。直ちに第二軍に合流し、必要な備品類を渡された。しかし、その量と撮影機材を運搬するには、随従してきた人員だけでは不可能であった。外谷は軍司令部へ上申し、荷車二輛と人夫8人の使用が特別の詮議により許可された。これより本格的に撮影業務が始まる。

従軍写真班たちの日清戦争はいかなるものであっただろうか。以後、写真班の指揮をとった外谷鉦次郎が帰国後、芝・紅葉館にておこなった演説より、彼らの日清戦争を追っていこう。

> 是より軍［司］令部に先つ二日花園口を発し、漸く貔子窩《ひしか》に於て第一師団に追及し、幸ひ金州旅順の戦役に従ひ、其戦況の一部を撮影し、後には第二軍司令部に属し、威海衛《いかいえい》の役に従ひたる次第にてありし。而して戦闘の前後其他軍司令部に輜重《しちょう》に随従せしめ、撮影に必要の器械のみを携へ、勉めて軽装敏活の運動を計りて戦闘線に出で、弾雨の中を馳駆して撮影したるも、何分四ツ截暗箱一組に依頼し、且つ開戦は多く未明にして剰へ戦闘の経過早く、加之《しかのみならず》常に強風多きと冱

寒の季節にて、光力薄弱なる等の原因に依り其図形は概ね一局部に止りて不十分勝《がち》のものゝみなりしは甚だ遺憾とする所にありたり。(「写真班従軍事情」)

明治27年9月16日の黄海海戦に勝利した日本は、旅順半島攻略の実施に踏み切り第二軍を編成・派遣していた。第二軍第一師団は11月6日、金州城を攻略することに成功し、同月21日、旅順に総攻撃をかけ、翌日同所を占領した。その後、12月4日大本営は山東作戦を策定する。目的は制海権掌握のため、威海衛湾にたてこもる北洋艦隊への攻撃と海軍基地制圧にあった。翌年1月8日に実施計画が固まり、20日山東半島に上陸が開始された(威海衛の戦い)。威海衛湾の陸上制圧は2月1日に終わり、北洋艦隊も11日に艦隊を率いていた提督・丁汝昌が自決し、14日両軍合意のもと、清国陸海軍将兵と御雇外国人等が解放された。

写真班はこれらの戦闘のなかを駆け抜けた。撮影に必要な道具のみを携え、弾丸降り注ぐなか撮影活動を行った。しかし、戦闘の経過はめまぐるしく変わり、かつ持参した四つ切サイズ(25.5cm×30.5cm)の暗箱(カメラ)に依存した撮影となった。また真冬の中国大陸の寒風は厳しく、日は遮られ、露光不足は写真手たちを悩ませた。寒さについては特に死活問題だった。

現像印画の困難なりしは予想外なり。光力薄弱なる板を寒気厳烈なる所に於て不十分の器具を以て現像する訳なれば、顕像力至て乏しく、其シャッターを用ひて撮影せしものゝ如きは二時間乃至三時間を要し、其間液は氷結することあるも、燃料欠乏して室内を暖むること能はず。且つ印画の発送を急ぐと昼間は撮影する材料を撰む為め外出するを以て、夜間現像し間々夜を徹せしことあり。印画に於ても光力薄弱なる為め焼き付けに多くの時間を要し、且つ仕上げに於ても水の不良なる為め態々数十町を隔る山間より之を汲み取り、或は氷を破砕して池水を用ひるもバットの水は忽ち氷結して自由を得す。或る時の如きは仕上げ後印画を乾燥したるとき、室内を充分暖めたるにも係はらず紙面は悉く氷結して粟粒を呈し、廃物となりしこともありし。誠に写真作業上の困難は容易に名状すべからざることにてありき。(「写真班従軍事情」)

露光不足なうえ、その寒さのため現像液は氷結した。しかし、部屋を暖めようにも燃料は欠乏していた。日中は撮影活動を行うため、現像は夜を徹して行われた。仕上げに必要な水も山間部へ汲みに行くか氷を粉砕して要を得るしかすべはなかった。その困難は「容易に名状すべからざる」ものであった。そうした過酷な状況下で彼らは撮影活動を行っていたのである。

だが、彼らが従軍中に最も悩まされたことは、大陸の自然環境などではなかった。外谷は次のように語っている。

当時の我一行写真班の最も困難を感じたることは種々あれども、其重なるものは、一は写真の技術は作戦に直接の関係を有せざれば、必要の機関部と共に進退することを為し得ざりしこと、又一は軍人社会有数の人を除くの外、大抵は写真を以て一の遊戯的技術と為し、敵と勝敗を争ふ戦闘には殆んと無用視せられたる事にてありし。(「写真班従軍事情」)

彼らの前に立ちはだかっていた敵は、陸軍内にあった写真班に対する偏見であった。写真班員は直接的に戦闘に加わらない。それが写真班派遣の遅延の原因となっていたことに明らかなように、陸軍内において写真班の必要性は十分に認識されてはいなかったのである。そのため、撮影活動も実際の戦況に遅れをとらざるを得なかった。さらには、写真技術は一つの「遊戯」として捉えられ、戦争の勝敗には無関係であると考える者も少なくなかった。彼らが闘っていたのは、そうした写真班に対する認識であり、彼らにとって日清戦争はたんに清国との闘いだったわけではなかった。すなわち、彼らの日清戦争とは、自分たちの所属する社会における存在意義の確立をかけた闘いだったのである。その勝敗は、写真を見れば一目瞭然だろう。外谷は次のように自負している。

是等は我一行にて撮影せし金州、旅順等の写真の結果を見られたる以後は漸次消滅し、戦時に写真の必要なることは軍人社会に於ても大に之を認めらるゝに至りたり。(「写真班従軍事情」)

彼らが撮影した写真は、陸軍内のこれまでの認識を揺さぶるに足るものだった。確かな手応えを感じつつ、明治28年5月、陸地測量部写真班は帰国の途についた。

同年6月3日、芝・紅葉館において開かれた写真班員歓迎慰労会(主催・大日本写真品評会)において、外谷は以上のようにその従軍事情を語った。最後に彼の演説とともに本稿を締めたい。

兎に角、我々一行写真の結果は充分ならざりしにもせよ、遠征の大軍に写真を附属せられ、戦地の実況を撮影せしめられたるは、啻《ただ》に我皇軍の綽《しゃく》々として余裕あるを世界に発表する為めのみならず、又啻に我国写真術の進歩を世界に発表する為めのみならず、此千載一遇の盛挙を後世に遺す所の確証を得たるは、一に写真の賜にして、洵《まこと》に国家の為めに慶賀すべきことなり。(「写真班従軍事情」)

参考文献

高橋秀直『日清戦争への道』東京創元社、1995年
檜山幸夫『日清戦争　秘蔵写真が明かす真実』講談社、1997年
小沢健志編『写真明治の戦争』筑摩書房、2001年
原田敬一『日清・日露戦争』岩波書店、2007年
三木理史『世界を見せた明治の写真帖』ナカニシヤ出版、2007年
井上祐子『日清・日露戦争と写真報道　戦場を駆ける写真師たち』吉川弘文館、2012年

資料

写真班従軍事情(『写真新報』第69号、明治28年〈1895〉6月9日)

大日本写真会々頭徳川侯爵は長岡子爵と共に華族総代として外征軍隊慰問の為に金州幷に威海衛に赴き、去月々末帰朝せられたり。又、陸地測量部より外征軍隊に随ひ出張せる写真班も、去月々末に凱旋せり。写真班員は皆大日本写真品評会々員なるを以て、同会に於ては去三日芝紅葉館に於て会頭を始め、右諸氏の為めに歓迎慰労会を催したり。席上に於て写真班長陸軍歩兵大尉外谷鉦三［次］郎氏は写真班従軍の事情を演説せり。其要旨乃ち左記の如し。

私は客年大本営より派遣せられ居たる所の小倉、村山両技手一同に代り、其出発前に於ける写真班組織上のことより従軍中経歴の大要を一言せんとす。諸君幸に暫時清聴を許されんことを希望す。偖、客年征清の大詔ありし以来、陸軍測量部に於ては今回の戦争には是非規模稍大にして完全なる一の写真部を組織して派遣せられんことを稟申せられ、既に其一部を第一軍に附属して韓地に差遣せられんとしたり。然るに其筋の御都合もあり、且つ当時は未だ開戦の初期にして戦列員の外には種々なる附属員を派遣せらるゝことを許されさりし。故に折角の組織計画も殆んと画餅に属したる有様にて、当時一同の落胆は実に名状すべからざる次第なりし。然るに、彼の地に於ける戦闘は、牙山、豊島、平壌、黄海等海陸共に連戦連勝し、続いて、第二軍も其組織成り大本営は広島へ御進発あらせられ、愈々作戦の計画も熟し、茲に大軍を彼地に派遣せらるゝこと、なれり。此際突然在広島の大本営より、写真班は其人員十名以内を限り先づ広島へ派遣すべしとの電報に接す。茲に於て倉皇行李を整へ、僅に四ツ截暗箱一組と十六截暗箱一組と現像及び印影等に要する必要の器械のみを携帯し、一行九名即ち私を始め小倉、村山、田淵、江沼其外器具運搬用の為め工夫四名を伴ひ広島へ急行し、大本営へ着の上、更らに写真班は第二軍と共に海外へ派遣の命を受け、彼地に渡航するの運ひに至りたり。

当時の我一行写真班の最も困難を感じたることは種々あれども、其重なるものは、一は写真の技術は作戦に直接の関係を有せざれば、必要の機関部と共に進退することを為し得ざりしこと、又一は軍人社会有数の人を除くの外、大抵は写真を以て一の遊戯的技術と為し、敵と勝敗を争ふ戦闘には殆んと無用視せられたる事にてありし。尤も、戦時倉皇の際、各戦列員の眼中には写真班其者なく、偶之あるも恰も営利的の為めに従軍し居る者と誤認されたることにてあり。併し、是等は我一行にて撮影せし金州、旅順等の写真の結果を見られたる以後は漸次消滅し、戦時に写真の必要なることは軍人社会に於ても大に之を認めらるゝに至りたり。

初め、右の有様なりしを以て、第二軍第一次の軍隊輸送は客年十月十七、十八、十九の三日間に宇品を出帆せしにも係はらず、我々一行は漸く第二次の輸送、即ち同廿三日宇品を発錨して同廿八日盛京省花園口へ揚陸して第二軍司令部に合せり。然るに軍司令部に於て我々の携帯すべき髄［ママ］身具を渡されしに、其品は一日分の精米と三日分の携帯糧食、防寒用の毛布、天幕、桐油及ひ出発に臨み三食分の弁当を携ふるの勢ひなれば、中々工夫四名位にては器具の半ばも運送すること能はざるを以て、荷車二輛と人夫八名を軍令部に請求したれバ、特別の詮議を以て之を許され、茲に漸く進退の自由を得たり。

是より軍［司］令部に先つ二日花園口を発し、漸く貔子窩に於て第一師団に追及し、幸ひ金州旅順の戦役に従ひ、其戦況の一部を撮影し、後には第二軍司令部に属

し、威海衛の役に従ひたる次第にてありし。而して戦闘の前後其他軍司令部に輜重に随従せしめ、撮影に必要の器械のみを携へ、勉めて軽装敏活の運動を計りて戦闘線に出で、弾雨の中を馳駆して撮影したるも、何分四ツ截暗箱一組に依頼し、且つ開戦は多く未明にして剰へ戦闘の経過早く、加之常に強風多きと冱寒の季節にて、光力薄弱なる等の原因に依り其図形は概ね一局部に止りて不十分勝のもの丶みなりしは甚だ遺憾とする所にありたり。而して旅順の戦争後、私は写真班の規模拡張の意見を大本営へ具申し、態々小倉技手を帰朝せしめ四ツ截暗箱一組を増加すること丶なり、写真班を二分して其戦況を撮影する予定にてありしも、遂に此計画は威海衛の戦闘に間に合はず、小倉技手が軍司令部の所在地、虎山に着せしは、恰も北洋艦隊の降伏せし日にてありしは実に千載の遺憾此上なきことにてありし。

是より現像印影等のことに就き一言す。

現像印画の困難なりしは予想外なり。光力薄弱なる板を寒気厳烈なる所に於て不十分の器具を以て現像する訳なれば、顕像力至て乏しく、其シャッターを用ひて撮影せしもの丶如きは二時間乃至三時間を要し、其間液は氷結することあるも、燃料欠乏して室内を暖むること能はず。且つ印画の発送を急ぐと昼間は撮影する材料を撰む為め外出するを以て、夜間現像し間々夜を徹せしことあり。印画に於ても光力薄弱なる為め焼き付けに多くの時間を要し、且つ仕上げに於ても水の不良なる為め態々数十町を隔る山間より之を汲み取り、或は氷を破砕して池水を用ひるもバットの水は忽ち氷結して自由を得ず。或る時の如きは仕上げ後印画を乾燥したるとき、室内を充分暖めたるにも係はらず紙面は悉く氷結して粟粒を呈し、廃物となりしこともありし。誠に写真作業上の困難は容易に名状すべからざることにてありき。

右に反し、暗室の構造は到る処便利を得たり。一行は特に暗室帳を新調して携行きしにも係はらず、最初花園口にて一回と金州にて一回之を使用せしのみなりし。其暗室に便利を得たる所以は、支那の家屋は概ね石造にあらざれば、煉化石造りにして、一室に少なる窓一個、其の室内の一半は土間なれば、僅に窓一個を塞ぎ、入口に赤毛布を垂れ光線の侵入を防げば直に暗室となり、水も土間に穴を穿ち之を使用することを得て、所謂暗室的構造の家屋のみなりしを以て、此一事のみは意外にも我々一行の為めには便利を得たり。只今陳述したる我々経歴の大要は、単に私の実見したる一部分なり。尚技術上に於て得たる経験の詳細に至りては、専門家の小倉、村山両技手より他日陳弁せらる丶筈なるを以て茲に贅せず。

兎に角、我々一行写真の結果は充分ならざりしにもせよ、遠征の大軍に写真を附属せられ、戦地の実況を撮影せしめられたるは、啻に我皇軍の綽々として余裕あるを世界に発表する為めのみならず、又啻に我国写真術の進歩を世界に発表する為めのみならず、此千載一遇の盛挙を後世に遺す所の確証を得たるは、一に写真の賜にして、洵に国家の為めに慶賀すべきことなり。

猶終りに臨み、我々の感謝する所は、今日各位が赤誠の厚意を以て此の如き盛なる歓迎を賜はるは、不肖等に於ては無上の光栄にして、永く紀念として忘るべからざることなり。茲に一同に代り拝謝す。

［執筆者紹介］

長南政義　ちょうなん　まさよし
戦史研究家。
宮城県生まれ。
國學院大學法学研究科博士課程前期（法学修士）
及び拓殖大学大学院国際協力学研究科安全保障学専攻（安全保障学修士）修了。
國學院大學法学研究科博士課程後期単位取得退学。
論文に、「第三軍参謀たちの旅順攻囲戦
―「大庭二郎中佐日記」を中心とした第三軍関係者の史料による旅順攻囲戦の再検討―」
『國學院法研論叢』第39号（國學院大學、2012年）など、
著書に、『坂の上の雲５つの疑問』（並木書房、2011年、共著）、
伊藤隆・季武嘉也編『近現代日本人物史料情報辞典』３巻・４巻
（吉川弘文館、2007年、2011年、共著）などがある。

森重和雄　もりしげ　かずお
古写真研究家・作家。
1958年熊本県生まれ。
大分大学経済学部経済学科卒業。
著書に、『幕末明治の写真師　内田九一』（内田写真株式会社、2005年）、
『英傑たちの肖像写真』（渡辺出版、2010年、共著）などがある。
日本カメラ財団小誌（JCII NEWS）にて「幕末明治の写真師列伝　下岡蓮杖」、
雑誌『歴史通』にて「古写真探偵」を連載中。

川﨑華菜　かわさき　はな
1984年長崎県生まれ。
中央大学大学院文学研究科博士後期課程在籍。
専攻、日本史学。
論文に、「寄宿舎生証明写真の誕生―埼玉学生誘掖会における肖像写真の利用―」
『学生寄宿舎の世界と渋沢栄一～埼玉学生誘掖会の誕生～』
（公益財団法人渋沢栄一記念財団／渋沢史料館、2010年）などがある。

復刻版　**日清戦況写真《にっしんせんきょうしゃしん》**

2013年２月20日初版第１刷印刷
2013年２月28日初版第１刷発行

撮影者　陸地測量部

発行者　佐藤今朝夫

発行所　株式会社国書刊行会
〒174－0056　東京都板橋区志村１－13－15
電話03－5970－7421
ファクシミリ03－5970－7427
URL : http://www.kokusho.co.jp
E-mail : sales@kokusho.co.jp

装訂者　伊藤滋章

印刷所　株式会社エーヴィスシステムズ

製本所　株式会社ブックアート

ISBN978-4-336-05637-5 C0021
乱丁・落丁本は送料小社負担でお取り替え致します。